東洋文庫 193

朝鮮歳時記

平凡社

洪錫謨 他
姜在彦 訳注

装幀　原　弘

酒幕図（申潤福筆）

婦女たちのクネティキ遊び（鞦韆戯）

凡　例

一、本書は朝鮮光文会刊（一九一一）の洪錫謨『東国歳時記』と、それに合本された金邁淳『洌陽歳時記』および柳得恭『京都雜志』の一部（巻之一、風俗）の全訳である。これらの著者は、いずれも十八世紀後半期から十九世紀前半期の学者であり、文人である。

一、これらの著作は流麗な漢文であり、その文章の妙味を伝えることは、訳者にとって荷が重すぎる。したがってここでは、その内容に忠実なることを基本とし、難解な文字は通常のことばに換えるか、または（　）内に簡単な解説を入れておいた。訳文中の〔　〕は原著者の注であり、（　）内および段落末の補注は、訳者によるものである。

一、原文では漢字で表記されているが、固有の朝鮮語で使われる用語は、（　）内に朝鮮文字を入れ、その発音を片仮名で示すか、または漢字の横に朝鮮音を示しておいた。

一、本書が書かれた李朝末期当時の行政区劃は朝鮮八道であり、本文ではその異称名を使っているばあいが多いので、それを掲げておきたい。

（異称名）	（八道名）
畿中	京畿道
畿湖	京畿道・忠清道
関東	江原道
関西	平安道
海西	黄海道
両西	平安道・黄海道
関北	咸鏡道
嶺南	慶尚道
湖西	忠清道
湖南	全羅道
嶺湖	慶尚道・忠清道
両湖	忠清道・全羅道
三南	慶尚道・忠清道・全羅道

一、地図および図版は訳者が付け加えたものである。

一、年中行事の月日はすべて旧暦であり、新暦に比べてほぼ一ヵ月のおくれがあると見てよい。

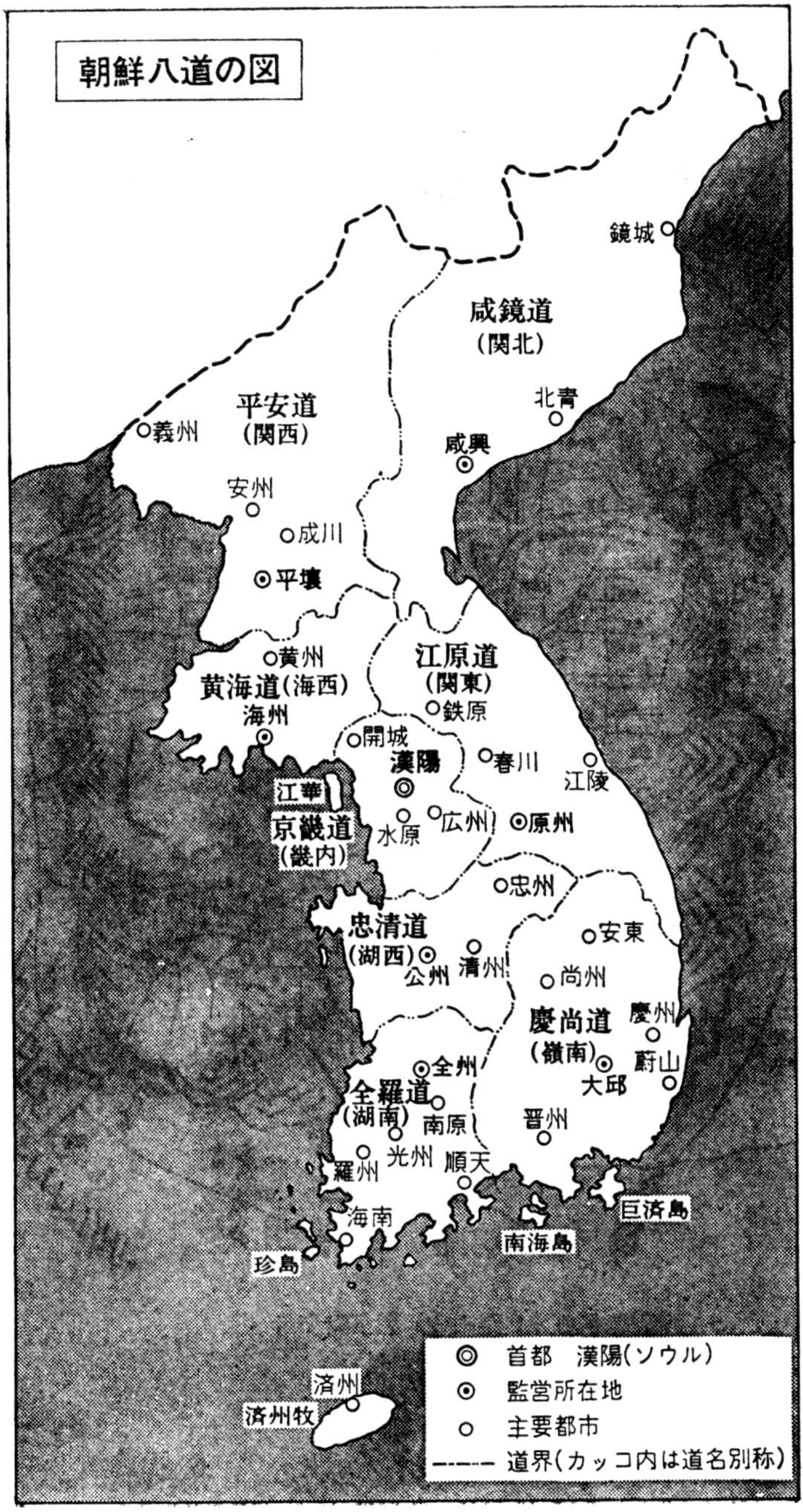
朝鮮八道の図
鏡城
咸鏡道
(関北)
北青
平安道
(関西)
義州
咸興
安州
成川
平壌
黄州
江原道
(関東)
黄海道(海西)
海州
鉄原
開城
漢陽
春川
江陵
江華
京畿道
(畿内)
水原
広州
原州
忠州
安東
忠清道
(湖西)
公州
清州
尚州
慶尚道
(嶺南)
慶州
蔚山
大邱
全州
全羅道
(湖南)
南原
晋州
光州
羅州
順天
海南
巨済島
南海島
珍島
済州
済州牧
首都　漢陽(ソウル)
監営所在地
主要都市
道界(カッコ内は道名別称)

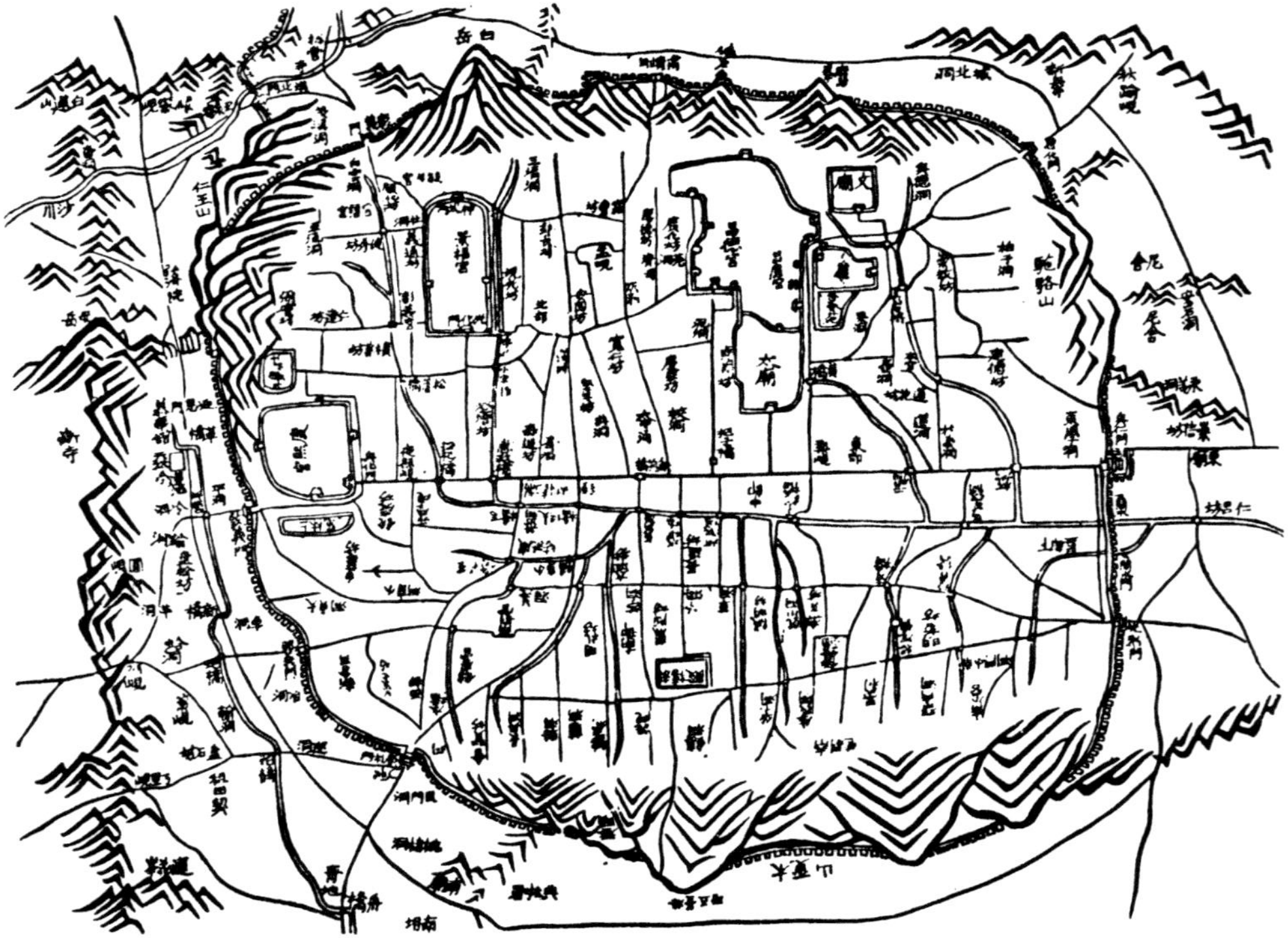

ソウル古地図（金正浩『大東輿地図』より）

目次

東《とう》国《ごく》歳《さい》時《じ》記《き》

洪《ホン》錫《グソッ》謨《クモ》 著

姜《カン》在《ジエ》彦《オン》 訳注

目次

東国歳時記序

わたくしがかつて、元旦と上元（正月十五日）にそれぞれ数十首の絶句を賦し、地方の風俗を略述したことがある。これを見た人たちは、大変ゆきとどいているといい、あるいは感嘆してくれた。

そこでさらに時節にしたがって、一国歳時の故実を叙述してみようとしたが、あれこれと遑《いとま》がなく、ながい歳月が過ぎ去っていった。じつのところ、衰弱と懶惰《らんだ》のために筆がにぶって、以前のように思ったことをたやすく書けなかったのである。

ある日友人洪陶厓（陶厓は号で、名は錫謨）が、机上に一編書を示していうのに、「これは東国歳時記である。中国では宗懍*以来、このような類書を書いた人が少なからずいるが、わが国にはいまだ見当たらない。だから是非善悪をかえりみず他にならって、地方の風俗がそれぞれ異なるところを誌してみた。信頼するに足る書としては、序文がなければならず、試みにわたくしのために書いていただけないだろうか」と。

＊宗懍　中国六朝時代の梁の人。揚子江中流地方の一四〇〇年前の年中行事を記録した『荊楚歳時記』は、その著である。

これを受けてひもといてみると、元旦から十二月まで全部で二十三項目にわたっており、行事が某月にありながらも、日次を確定できないものは、その月の末尾に区別して掲載し、閏月の行事は、巻末に付記している。

そして近くは京都（ソウルのこと）から、遠くは僻村にいたるまで、その時節に該当するものは、尋常一様の行事であっても、たとえいかに卑俗な行事であっても、漏れなくこれを記録している。

また朝鮮の風俗にかんする記録には、かならずひろく古典書籍のなかから適切に引用して、その由来を明らかにしている。考証は広くゆきわたり、錯誤や脱落をもともに掲載して、流れに沿うてその淵源にさかのぼり、その根本に達している。

これはたんに、わが一国の風俗にとどまらず、中国の旧俗をも描写し、その共通するところを類別して、儼然たるひとつづきの文字をなし、その表現力の豊かなること、後世にいたってさらにあきらかになること疑いない。

しかしこの著書は、かれの才能の一端にすぎず（全鼎之一臠）、その真骨頂を発揮したもの

（晴蔵之真味）ではない。

ああ洪君が幼少の頃、みずから期するところはなんであっただろうか。他人もまた、かれは国王に近侍して文筆をふるうべき人材（絲綸之池上鳳毛）であることを、うたがったであろうか。ついにかれは運命に窮して、その才能を埋もれさせてしまった。蘭台（帝室の文庫）に高文大冊をかがやかせ、その文章が管絃に奏でらるべき地位を他人に付与し、みずからは微官末職にいながら、老境にはいってはもっぱら辞賦と詩律をもって無聊をいやし、鬱々たる心情をそれに注いだ。なんと不幸な運命か。

この著述もまた、無聊をいやすためのものであろうが、一国の謡俗をすべて尽くし、歳時のすべての文献を備えて、宗懍その他諸家の粗雑な記録や一方的な見聞よりも、すぐれているることが多い。この書の玩賞にふけって、手許にとどむること数日、今になってそのままかえすわけにはいかない。これをかえすに当たって、ここに此《これ》を誌すしだいである。

己酉年重陽後四日（一八四九年九月十三日）

穀　瀍　漫　客　　李　子　有　序す

正　月

元　日

新歳問安

議政大臣*は百官をひきいて宮中に参内し、国王に新歳の問安（あいさつ）をなし、箋《せん》文（国王にささげる賀表）と表裏（手織りの絹布や綿布）を献上し、正殿の庭で朝賀の礼をおこなう。

議政大臣　李朝時代の最高行政府に議政府があって、議政大臣というのは議政府の三政丞、つまり領議政、左議政、右議政をいう。議政府の下には六曹（吏曹、戸曹、礼曹、兵曹、刑曹、工曹）があってそれぞれ国政を分掌し、各曹の長官を判書という。

八道の観察使、兵使および水使、各州の牧使*たちも、国王に箋文と方物（地

朝賀の礼をおこなう景福宮勤政殿（後方は北岳山）

方特産品）を進上し、各州、府、郡、県の戸長吏**もまた、みんなそろって班列に参加する。

* 李朝時代の行政区劃は、京畿道を中心に、忠清道、慶尚道、全羅道、江原道、黄海道、平安道、咸鏡道の八道に区分されていた。観察使は各道の地方長官、兵使は各道の兵馬節度使、水使は各道の水軍節度使の略称で、いわば軍司令官に当たる。各道の下には牧、州、府、郡、県などがあり、その守令として府尹、府使、牧使、郡守、県令、県監などがあり、牧使はこれら守令の一つである。

** 戸長吏　各州郡の官衙には六房（吏房、戸房、礼房、兵房、刑房、工房）があって、その実務を担当しているのが胥吏である。戸長吏は首位の胥吏である。なお胥吏は吏属または衙前ともいわれる。

冬至の日にもまた、箋文を進上する儀式をおこなう。

新歳茶礼

ソウルの風俗として、この日家廟（祖先の位牌を安置するところ）に拝謁して祭祀をおこなうが、これを茶礼《チャレ》という。

歳粧・歳拝

男女の年少者たちは、そろって新しい晴着をよそおうのであるが、これを歳《せ》粧《チャング》（설빔《ソルビム》）という。それから親戚の長老たちに年賀まわりをすることを歳拝《せべ》という。

歳饌・歳酒

元日に時食（季節料理）をもって訪問客をもてなすが、これを歳饌《セチャン》といい、その酒を歳酒《セジュ》という。

かんがうるに、崔寔《しょく》*の『月令』には、「元日は身心を清めて祖先をまつり、椒栢酒《しょうはくしゅ》を飲む」と書いており、また宗懍《りん》の『荊楚歳時記』では、「元日に屠蘇《とそ》酒と膠牙餳《こうがとう》をすすめる」とのべている。これがすなわち歳酒と歳饌の始まりであろう。

* 崔寔　中国後漢のときの人で、『月令』は、四民（士農工商）の年中行事を記録した『四民月令』の略称である。

問安婢

姻戚や親戚の間で婦女たちは、たがいに着飾った召使いの少女を送り、新年の問安をかわすが、これを問安婢という。

参奉李匡呂*の詩に、「誰の家の問安婢が、誰の家に年賀まわりにいくのだろうか」（誰家問安婢　問安入誰家）という句がみえている。

* 李匡呂　李朝英祖（在位一七二五―七六）のときの人で、文章と徳行にすぐれ、文集に『李参奉集』がある。またかれは、通信使趙曮が、日本対馬島から持参した甘藷を普及させるため、朝鮮の風土に適した栽培法を研究し、ついに東萊府使姜必履によって成功するにいたった。李匡呂と姜必履は、高麗末に元の国から棉の種子を持参して普及させた文益漸と並ぶ功労者である。

歳銜

各官衙の胥隷《しょれい》（胥吏および使令）や、各営門の校卒（将校および羅卒）たちは、折りたたんだ紙に姓名を列記した名鑑を、上司や先生の家に進呈する。それらの家では、これを受けるために、門内に漆塗りの盆をそなえておく。これを歳《せ》銜《はむ》という。

各地の官衙でも、ソウルと同じような風習がある。

王錡*の『寓圃雑記』には、「都の風俗として、毎年の元日、主人が年賀まわりに外出したとき、ただ白紙の記載帳と筆硯を机上に置いておけば、賀客はその姓名を記載するだけで、送迎することはない」と書いている。これがすなわち歳銜の始まりであろう。

＊王錡　中国明代の人。号は夢蘇道人。

白餅・餅湯

粳米《うるち》の粉を蒸して大きな板のうえに置き、杵《きね》をもって無数に搗いてのち、長く引きのばしてつくった餅を白餅（흰떡《ヒントック》）という。これを銭形に薄く輪切りにし、すまし汁に牛肉または雉肉を入れて炊《た》き、とうがらし粉をふりかけたものを餅湯（떡국《トックック》）という。これは祭祀の供え物として、お客の接待用としてつかわれるので、歳饌として無ければならないものである。お汁にいれてたいたものだから、昔の湿麪《しつめん》がこれに似たものである。店では時食としてこれを売る。俗に年齢をたずねるとき、餅湯を幾椀たべたか、といわれる所以である。

陸放翁＊の『歳首書事詩』の註に、「地方の風俗として、元日には必ず湯餅を用いるが、これを冬餛飩《こんとん》または年餺飥《はくたく》という」と書いている。けだし古くからの風俗である。

陸放翁　中国宋代の人。本名は游。性格奔放にして、詩文をよくした。『剣南集』、『入蜀記』などの著作がある。

甑餅・禱神

粳米の粉を甑《こしき》のなかにしき、そのうえに煮た赤小豆《あずき》をしいて隔てさせ、甑の大小によって粉をもっと厚く布き、粉と赤小豆を交互に積み重ねていく。あるいは粳米の粉の代りに糯米《もちごめ》の粉を用いることもある。そしてこれを蒸したのが甑餅（시루떡《シルトック》）である。

甑餅は朔日《ついたち》（毎月一日）、望日《もち》（毎月十五日）およびいつなんどきでも、禱神（無事息災を祈ること）のときには供え物としてこれをつくる。

延祥詩

承政院*で予選された侍従および堂下文臣**たちは、延祥詩（新年の祝賀詩）をつくって国王に進上する。国王はまた、館閣の提学***たちに韻字****を出して、五言または七言の律詩あるいは絶句を作らせる。それらを考査して合格した詩は、宮中各殿の円柱や門楣《もんび》に貼りつける。立春の日の春帖子や、端午の日の端午帖は、いずれもこのような例を用いたものである。

* 承政院　王命の出納を管掌する官庁。

** 堂下文臣　李朝時代における文臣（東班）の位階制はつぎのとおりである。

正一品…大臣輔国崇禄大夫、上輔国崇禄大夫
従一品…崇禄大夫、崇政大夫
正二品…正憲大夫、資憲大夫
従二品…嘉義大夫、嘉善大夫
正三品…通政大夫
以上が堂上官
正三品…通訓大夫
従三品…中直大夫、中訓大夫
正四品…奉正大夫、奉列大夫
従四品…朝散大夫、朝奉大夫
以上が堂下官
正五品…通徳郎、通善郎
従五品…奉直郎、奉訓郎
正六品…承議郎、承訓郎
従六品…宣教郎、宣務郎
正七品…務功郎
従七品…啓功郎

正八品…通仕郎
従八品…承仕郎
正九品…従仕郎
従九品…将仕郎
　以上が堂郎
したがって堂下文臣は、正三品通訓大夫から従四品までの文臣の総称である。
＊＊＊ 舘閣提学　舘閣とは、李朝時代の弘文舘、芸文舘、奎章閣の総称であり、提学は、弘文舘および芸文舘の従二品、奎章閣の従一品から従二品までの官職である。なお提学のうえには大提学がいる。
＊＊＊＊ 韻　漢詩の作詩には韻をふまなければならないが、漢字をその発音のひびきによって、平、上、去、入の四声に分け、さらにそれを一〇六に類別している。多くの人が同じ韻字を用いて作詩することを次韻という。

かんがうるに温公＊の『日録』には、「翰林院では書待詔に春詞をつくらせ、立春の日に宮中の門帳に貼りつける」とみえており、また呂原明＊＊の『歳時雑記』にも、「学士院では、端午の一ヵ月前に閤門帖子を撰して、端午の日に国王に進上する」と書いていることからみて、けだしこれは、古くからの慣例であろう。

＊　温公　中国宋代の人で、本名は司馬光。その著『資治通鑑』は、あまりにもよく知られている。

＊＊　呂原明　中国宋代の人で、本名は希哲、原明はその字《あざな》である。

歳画・門排

図画署（書画を掌る官署）では、寿星図、仙女図、直日神将図（寿星、仙女、直日神将はいずれも道教の神）を画いて国王に進上し、またおたがいに贈ったりする。これを名づけて歳画といい、祝賀の意を表するものである。また金の甲《よろい》を着けた二将軍像を画いて国王に進上する。それは長さが一丈余もあり、一つは斧を持ち、一つは節麾《せつき》（大将軍の旗旌）を持ち、これを宮門の両扉に掲げるが、これを門排《ムンベ》という。

また絳袍《あかほう》と烏《くろ》帽を着けた画像を重閤門に掲げ、鍾馗《しょうき》が鬼を捕える画像を門扉に貼り、鬼神の頭の画像を門楣に貼るなどして、災厄や悪疾をふせぐようにする。もろもろの国王の近親および外戚たちも門扉にこれを掲げ、民間でもこれにならう。

俗に金の甲を着けた二将軍は四天王の神像といい、あるいは尉遅恭、秦叔宝ともいい、絳袍を着けた者は魏鄭公という。＊

＊四天王は仏教でいう四方鎮護の四神、つまり持国天（東方）、増長天（南方）、広目天（西方）、多聞天（北方）の総称である。四神は、上は帝釈天によく仕え、下は八部衆を支配して、仏法帰依の衆生を守護する役割を果たす。また尉遅恭、秦叔宝は、唐代の武臣、魏鄭公は同じく唐代の文臣として、よく国王を輔《たす》けて功労があった。いずれも国家安泰を祈願する神像である。

かんがうるに、宋敏求＊の『春明退潮録』や『道家奏章図』によれば、「天門を守衛する金の甲を着けた葛将軍は旌《せい》を握っており、周将軍は節を握っている」と書いている。いまの門排はこの葛将軍および周将軍に似ている。しかし世間では、伝奇のなかの唐の文宗の事に附会して伝わっている。

＊宋敏求　中国宋代の学者で、著名な蔵書家である。『春明退潮録』をはじめ多くの著書がある。

尚歯盛典

ソウルおよび地方の朝官（朝廷に仕えた高官）や命婦《めいふ》（官位のある者の婦人）にして七十歳以上の者には、米、魚、塩を賜わるのを年頭の通例としている。朝官にして八十歳、士庶人にして九十歳になった者には、それぞれ官位一品階を加え、百歳以上のばあいは、とくに一品階を超えて昇進させる。毎年歳首において老人に品階を授け、政治に参与するよう下批《かひ》を稟《う》くるのは、すべて老人を優遇し、年を尊ぶの盛典である。

鶏虎画

民間では鶏虎画を壁に貼り、厄除けとする。かんがうるに、董勛*の『問礼』には、「俗に一日を鶏と為す」と書いており、『荊楚歳時記』には、「正月一日鶏を画いて戸に貼る」と書いている。いまの風俗は、これにはじまったものであろう。虎を画くのは、寅《とら》月の意味をとったようである。

* 董勛　中国後漢の人。

三災法

男女の年齢が三災（厄年）に当たれば、三羽の鷹を画いて門楣に貼る。三災法は、巳、酉、丑の年に生まれた者は亥、子、丑の年に、申、子、辰の年に生まれた者は寅、卯、辰の年に、亥、卯、未の年に生まれた者は巳、午、未の年に、寅、午、戌の年に生まれた者は申、酉、戌の年に、それぞれ三災に当たることになっている。

世間ではこのような卜説を信じて、三羽の鷹を画いて貼り、厄払いにする。生まれた年から九年をへだてて三災に入るので、三災に当たる三年間は、人間関係や物事に控え目に対し、慎重にふるまわなければならないとされている。

徳談

新年に年少の友人にあえば、「今年は科挙（人材登用の国家試験）に及第するように」とか、「官職が昇進するように」とか、「男の子が生まれるように」とか、「儲け事があるように」など徳談《トクタム》をかわして、たがいに祝賀する。

聴讖

元日の早暁に街上に出て、いずこからを問わず最初に聞こえる声をもって、一年間の運勢を占う。これを聴讖《チョングチャム》という。

かんがうるに、燕京（中国の北京）の風俗として、除夕《じょせき》（除夜）に竈《かまど》の前で方向を指ししめしてくれるよう祈りをささげる。その方向にむけて鏡を抱いて出門し、最初に聞こえてくる市語によって来年の運勢を占う。わが国の風俗もまた、これと同じである。

五行占

五行占を投げて新年の運勢を占う。五行にはそれぞれ占辞があって、木片に金、木、水、火、土の字を刻んで碁の駒のようにつくる。これを一挙に投げて、その俯仰により占いをおこなう。

元日焼髪

男も女も、髪を梳《す》くときの抜毛を、一年間櫛函のなかにあつめておいて、必ず元日の黄昏《たそがれ》を待って門外で焼く。これによって疫病を払う。かんがうるに、孫思邈*の『千金方』に、正月の寅の日、白髪を焼けば吉運と書いている。元日焼髪はこれにはじまる。

* 孫思邈　中国唐代の医学者。『千金方』はその著『千金要方』の略称。

夜光

俗説に、夜光という鬼が、この日の夜に人家に降りてきて、子どもの鞋《わらじ》をはいてみて、足にあうものを履き去る。鞋を履き去られた主は、一年中不吉であるという。

そこで子どもたちは、これを畏れてみんな鞋をかくし、燈火を消して寝る。そして篩《ふるい》を板間の壁か庭のきざはしにかけておく。というのは、夜光が篩の孔を数えるうちに鞋を盗むことを忘れ、夜明けの鶏鳴を聞いて逃げ去ると、伝えられているからである。

夜光がいかなる鬼かは知らないが、あるいは薬王の音が転じてそうなったのかも知れない（夜光の朝鮮音は야《ヤ》 광《クワング》、薬王のそれは약《ヤッ》 광《クワング》）。薬王像は大へん醜く、子どもたちをこわがらせるから、そうおもわれる。

法鼓

僧徒たちが鼓《つづみ》をかついで市街に入り、それを打ち鳴らしながら家々をまわることを法鼓という。あるいは募縁文（仏に物を施すことを勧める文）をひろげて、銅鈸《どうばち》を叩きながら念仏を唱えれば、人びとはあらそって銭を投げあたえる。また僧は、一つの餅をもって俗世間の二つの餅と交換する。俗に、僧からもらった餅を子どもに食べさせると、痘瘡《ほうそう》にかかったとき軽くてすむといわれている。

朝廷で、僧尼が都城門内にはいることを禁止してからは、城外にようやくこの風俗が残っている。

諸寺の上座僧が、ソウル五部*内で斎米を乞うために、早暁から帒《ふくろ》をかついで各戸の門前をまわりながら声をかける。家々では米をだしてきて与える。けだし新年の福運を迎える意味からである。

＊五部　李朝時代ソウルの都城内は、中部、東部、西部、南部、北部の五部に区劃されていた。

日月神

広州(京畿道)の風俗では、この日たがいに年賀をかわしてのち、日月神を拝む〔『東国輿地勝覧＊』を見よ〕。

＊『東国輿地勝覧』　李朝第九代の成宗(在位一四七〇―九四)のとき、王命によって盧思慎、姜希孟、徐居正、成任、梁誠之ら著名な学者が総責任者となって編纂した地理書。これは第十一代中宗のとき(在位一五〇六―四四)、増補されて全五十五巻となり、現在に伝わる。

花盤

済州島では、凡そ山、藪、川、池、丘、陵、墳衍《ふんえん》、木石のある所に、神をまつる祠堂を設ける風俗がある。そして元日から上元(正月十五日)にいたるまで、巫覡《ふげき》が神像を画いたのぼりをかかげ、儺戯《だぎ》(厄払いの儀式)をおこなう。錚《かね》や鼓の先導で祠堂を出て村里に入れば、人たちはあらそって財銭を喜捨し、神にお礼参りをする。これを花盤という〔『東国輿地勝覧』を見よ〕。

立春

春帖子・春祝

宮中では春帖子を貼る。高官、士大夫、庶民の家や市廛《してん》（商人の店舗）でも、そろって春聯《れん》を貼り、立春を祝う。これを春祝という。

かんがうるに、『荊楚歳時記』に、「立春の日、春に宜しき字を門に貼る」と書いているから、いまの春聯はこれにはじまるものであろう。

観象監（天文、地理を掌る官署）では、この日、辟邪《へきじゃ》文を朱書して宮中に進上する。宮中ではこれを門楣《もんび》に貼る。辟邪文の内容はつぎのようなものである。

「甲作食殃（凶）、胇胃食虎、雄伯食魅、騰簡食不祥、攬諸食咎、伯奇食夢、強梁・祖明共食磔死・寄生、委随食観、錯断食巨、窮奇・騰根共食蟲、凡使十二神追悪凶、赫汝軀、拉汝幹節、解汝肌肉、抽汝肺腸、汝不急去、後者為糧、急々如律令」*（光文会本の誤字を『後漢書』と対照して訂正した）。

* 要するに、邪鬼たちが早く逃げ去らなければ、恐しい十二神（甲作、胇胃、雄伯、騰簡、攬諸、伯奇、強梁、祖明、委随、錯断、窮奇、騰根）をしてなぶり

殺しにするという脅しの意味。

これすなわち、『後漢書』*の礼儀志にいうところの臘日**の前日に、大々的な儺《だ》礼（儺戯と同じく、厄払いの儀式）をおこなって疫神を払うが、そのとき侲子《しんし》（儺礼をおこなう儺者の一つで、年少の男女を当てる）が唱和した詞である。いまはこれが立春符となり、端午（五月五日）の日にもこれを貼る。

* 『後漢書』 中国の後漢十二帝の事蹟を記録した歴史書で、南北朝のとき宋の范曄がこれを撰している。本紀十巻、列伝八十巻からなる。

** 臘日 冬至から後の三度目の戌の日、または十二月八日の称。臘日には百神を合わせまつる臘祭がおこなわれたが、その前日に厄払いのための儺礼がおこなわれた。

健陵（李朝第二十二代正祖のこと。在位一七七七—一八〇〇）のときは、『恩重経』（父母に孝なるべきを説いた仏教経文の一種）の真言を頒布して門楣に貼り、疫神を払った。真言の内容はつぎのようなものである。

「曩謨《ナム》　三満多《サマンタ》　没駄喃《モタナム》　唵《オム》　誐々曩《アアナ》　娑嚩訶《サバア》」。
またこの日には、端午の日に用いる端午符もつくる。
門に貼る帖子には、「神荼《しんと》鬱塁《うつるい》」＊の四字を書く。昔の風俗に、元日桃の木でつくった符に「神荼鬱塁」の像を画いて門戸に置き、悪鬼をふせいだ。この慣例は黄帝（古代中国の伝説上の帝王で、三皇の一人）のときから始まる。

＊　神荼・鬱塁　神荼と鬱塁は、大門の両側に立って、悪鬼が入るのを防ぐ守護神の名称。

いまおこなわれている春帖には、つぎのような対句が用いられる。

門神戸霊　　呵禁不祥。
国泰民安　　家給人足。
雨順風調　　時和歳豊。

民間でも柱や門楣に、つぎのような文例の対聯を書いて貼る。

寿如山　　富如海。
去千災　　来百福。

立春大吉　建陽多慶。
堯之日月　舜之乾坤。
愛君希道泰　憂国願年豊。
父母千年寿　子孫万代栄。
天下太平春　四方無一事。
国有風雲慶　家無桂玉愁。
災従春雪消　福逐夏雲興。
北堂萱草緑　南極寿星明。
天上三陽近　人間五福来。
鶏鳴新歳徳　犬吠旧年災。
掃地黄金出　開門百福来。
鳳鳴南山月　麟遊北岳風。
門迎春夏秋冬福　戸納東西南北財。
六鰲拝献南山寿　九竜載輸四海珍。
天増歳月人増寿　春満乾坤福満家。
また、門楣に貼る帖子で、つぎのような単句もある。

歳粧して春聯の前に立つ子供たち

春到門前増富貴。
春光先到吉人家。
上有好鳥相和鳴。
一春和気満門楣。
一振高名満帝都。

さらに士大夫の家では、新製した自作の詩句や、あるいは古人の佳語をえらんで用いる。

進山菜

京畿道山間地帯の六邑（楊根、砥平、抱川、加平、朔寧、漣川の各邑）では、葱の萌《もや》し、山芥、辛甘菜などを宮中に進上する。

山芥というのは、初春雪解けの頃に山に自生する芥子菜《からしな》である。熱湯で茹《ゆ》でて醋醬（酢醬油）につけて食べると、大へん辛烈である。肉料理にあしらうとよい。

辛甘菜というのは、窖《あなぐら》で育てた当帰《うど》の新芽である。銀のかんざしのように清らかで、蜂蜜につけて食べると大へん風味がある。

かんがうるに『摭遺』には、「東晋の李鄂、立春の日に命じて蘆菔《だいこん》と芹《せり》の新芽を和《あ》えた菜盤をつくらせ、客をもてなした」と書いており、『摭言』には、「安定郡王、立春の日に五種の辛菜を和えた菜盤をつくった」とみえている。

また杜甫*の詩には、「立春の日の菜盤に、細い山菜!」(春日春盤　細生菜)、蘇東坡**の詩には、「青い蒿《よもぎ》、黄色い韮《にら》、春の菜盤を試食す」(青蒿黄韮　試春盤)という句があるのをみると、けだし昔からの風俗であろう。

* 杜甫　中国唐代の大詩人で、少陵と号す。李白と並称して李杜といい、工部外郎になったことがあることから、その詩集は『杜工部集』となっている。

** 蘇東坡　中国宋代の大学者にして大詩人。名は軾、東坡はその号である。文集に『東坡全集』百十五巻あり。

木牛

咸鏡道の風俗に、立春の日に木牛をつくって、官府から民家にいたるまであまねく牽《ひ》きまわる。けだしこれは、この地方から牛が産出するという事にならった制度で、農業を勧め、豊年を祈る意味を示すものであろう。

頒銅人勝

人日

国王は人日（正月七日）に、閣臣*たちに銅人勝（人勝は首飾り）を頒賜する。それは小さくて円い鏡の如きもので、柄があり、仙人の像が刻まれている。

* 閣臣　奎章閣の官人たち。奎章閣は正祖（在位一七七七―一八〇〇）のとき設置され、歴代国王の一切の文書を管掌する官庁。

『歳時記』*には、「隋の劉臻《しん》の妻陳氏が、人日に人勝を進上したが、あるいは色絲を剪《た》ち、あるいは金箔をちりばめてつくった」と書いている。人勝はこれにならったものであろう。

* 『歳時記』『歳時広記』の略称で、中国宋代の陳元靚《せい》の著。

人日製

国王はこの日、提学に命じて科《か》挙《きょ》試を設けさせる。これを人日製（製は試験の

成均館の大成殿

こと）という。太学（成均館）で円点*をもらった儒生たちを考試するが、食堂に出入すること満三〇日をもって円点となし、始めて科挙試に赴くことが許される。詩賦、表策、箴銘、頌律、賦排律など各種文体をもってし、命題は随意にえらぶ。考査して第一等の成績をえた者には、あるいは賜第**、発解***、施賞など等級にしたがって差をつける。

* 円点　成均館（李朝時代の最高学府）に在学する儒生たちは、食堂にはいるとき、朝夕二点ずつうってもらう。一種の出席簿のようなものである。普通は、五〇点に達して、はじめて科挙に応試する資格があたえられた。

** 賜第　国王の特命による科挙試に及第したものと同じ資格をあたえること。

*** 発解　科挙初試の及第資格。科挙試には、初試、覆試、殿試の各段階があった。

人日製は、泮宮《はんきゅう》（成均館と文廟）でおこなうこともあり、あるいは宮中で国王親裁のもとにおこなわれることもある。またあるいは地方儒生たちにも応試させる。

節　製

名節の日におこなわれる儒生たちの科挙試は、人日からはじまって、三月三日、七月七日、九月九日と、すべて人日製にならっておこなわれる。これを節製という。

上亥日・上子日

亥囊・子囊

上亥日（正月初めての亥の日）は豕《ぶた》の日、上子日（正月初めての子の日）は鼠の日である。

李朝の故事に、小宦数百名が炬《たいまつ》をつらねて、「豕燻《いぶ》し！　鼠燻し！」と叫びながら地面をひきずりまわった。また国王は、穀種をいぶして囊《ふくろ》のなかに盛り、宰臣や近侍の者に頒賜して、豊年を祈念する意味を示した。はじめ亥囊と子囊とがあって、共に錦でつくられ、亥囊は円く、子囊は長かった。正祖が即位してからこの制度を復活し、囊を頒賜するようになった。

上子日には、民間でもまた、豆を炒りながら、「鼠の嘴《くちばし》を焦がせ！　鼠の嘴を焦がせ！」と唱える。

燻鼠火

湖西地方の風俗では、群をなして炬を燃やすのを、燻鼠火という。*

＊ 農民たちが新年になってから始めて田野に出て野原を焼くのを、鼠火戯という。こうすれば野草がよく繁茂し、害虫駆除になるという意味があろう。

上亥日

上亥日には、豆粉をつくって顔を洗うと、色の黒い人もしだいに白くなるという。これは豕の色が黒いから、その反対の意味を取ったものであろう。

卯日・巳日

卯の日は兎の日である。この日に紡いだ綿糸を兎糸（톳실《トッシル》）といい、これを佩帯して厄払いにする。この日は他人や木製品を家に納れるとか、また女が先に入ることを忌む。

巳の日は理髪をしない。蛇が家に入ることを忌むからである。

上元

薬飯

炊いた糯米《もち》に棗《なつめ》、栗、胡麻油、蜂蜜、醤油などを混ぜ合わせ、松の実（五葉松の実）を入れて再び蒸す。これを名づけて薬飯（または薬食 약식《ヤックシック》）という。上元（正月十五日）のときの佳い時食であるばかりでなく、祭祀にも供え物として用いる。けだしこれは、新羅時代からの旧俗である。

『東京雑記』*によれば、「新羅の炤智王十年正月十五日、国王が天泉亭に行幸されたとき、烏が飛んできて、不吉な禍あることを国王に警告してくれた。それから国俗として、上元の日を烏の忌日とし、糯米の飯をつくって烏を祭り、その恩に報いた」**と書いている。今の風俗ではこれが時食となった。

* 『東京雑記』 新羅の故都慶州にかんする歴史、地理、文物制度、風俗、旧蹟などを記録した書籍。

** 『三国遺事』巻一、射琴匣条によれば、その伝説は大要つぎのようなものである。炤智王が天泉亭に行幸されたとき、一羽の烏が現われ、その後をついていくと池の中から老翁が現われ、書をたてまつった。その表には、この封書を開いて見れば二人死に、開かなければ一人死ぬと書いている。国王に随行していた日官（吉日の選択を掌る）は、二人とは庶民のことであり、一人とは国王のことであるから、開いて見るように勧めた。封書を開いて見ると、「射琴匣」と書いてあった。国王は直ちに還宮して琴匣を射たところ、そのなかで内殿に出入する焚修僧と宮主が潜かに奸通していて、遂に矢にあたって誅せられた。

祈年

地方の農家では、上元の前日（正月十四日）、纛《はたぼこ》状に藁を束ね、そのなかに稲、黍《きび》、稗《ひえ》、粟《あわ》の穂を包み、また木棉のはじけた実を長い竿先に懸ける。家屋の傍にこれを建て、縄を張りわたして固定させる。これを禾竿《ナツカリテ》といい、豊作を祈る行事である。

山間地方の風俗では、枝の多い木を牛小屋の裏側に建て、五穀の穂や綿花を掛けておく。子どもたちが、早朝に起きて、木の周囲をまわりながら歌をうたい、豊年を祝して日の出に及ぶ。

わが国の古俗として、正月十五日に宮中では、邠風七月篇（『詩経』の篇名）の耕種と収穫の状景を再現して、人びとが左右両方に分かれて勝負をきそう。けだし豊年を祈る意味である。民間でおこなわれる禾竿も、このような行事の一種である。

処容

男女の年齢が羅睺《らこう》直星*（あるいは処容直星ともいう）に当たれば、芻霊《すうれい》（藁でつくったまじない人形）を作る。方言では処容（제웅《ジェウング》）ともいう。その頭の中に銅銭を入れ、上元前日の初昏、路傍に棄てて厄を免れる。群童が家々をまわりながら門前で、処容を出せと、大声で呼ばわる。そして処容を得れば、たがいに争って頭から銅銭をひきだし、処容を地面にたたきつける。これを打芻戯という。

* 羅睺直星　人間には、それぞれの年齢において運命を掌る九つの星があるとされている。羅睺直星（処容直星）、土直星、水直星、金直星、日直星、火直星、計都直星、月直星、木直星がそれである。男子は十歳、女子は十一歳がそれぞれ処容直星に当たり、その次は九年後である。

処容の名称は、新羅憲康王のとき、東海の竜王の子の名に由来したもので、いま掌楽院*郷楽部には、処容舞がある。芻霊をもって処容というのは、けだしこれから仮りたものである。

＊掌楽院　李王朝には、音楽を管掌する官署として掌楽院が設けられ、雅楽、唐楽、郷楽などが演奏された。郷楽部は、朝鮮固有の音楽を掌る部署である。

世俗では、卜説を信じて、日直星と月直星に当たる者は、紙を剪って日や月を象《かたど》り、棒にはさんで屋根に挿す。あるいは月の出のとき炬を燃して、月を迎える。水直星に当たる者は、紙に飯を包み、夜半に井戸のなかに投げて厄を払う。しかし風俗としてもっとも忌むものは、処容直星である。

木葫蘆

男女の子どもたちが、冬から青色、赤色、黄色の小さい木葫蘆（나무《ナム》조롱《ジョロング》）三つを佩帯する。その形は荳《まめ》状で、色糸の紐がついている。これを上元前日の夜半に、こっそり道傍に棄てて厄除けとする。

赤豆粥

正月十五日の前日、赤い小豆《あずき》の粥をつくって食べる。

かんがうるに、『荊楚歳時記』に、「州里の風俗に、門を祭るに先んじて、柳の枝を門に挿し、豆粥に箸を挿してこれを祭る」と書いており、今の風俗に赤豆粥を食するのはこれに似ている。

三遊北門

ソウル都城の北門を粛清門という。ふだんは閉鎖して利用しないが、その辺一帯は水石がうるわしく、幽静である。上元の前に市内の婦女たちは、三回ここに遊ぶ。この門は厄払いの効能があるといわれる。

街土埋家中

早暁に起きて、ソウル鐘路の十字街上の土を取り、家中の四隅や竈《かまど》にまけば、財があつまるといわれる。

嚼癤

清らかな早朝、生栗、胡桃《くるみ》、銀杏、松の実、蔓菁《かぶら》などをぽりぽりかじりながら、「一年十二ヵ月無事太平で、腫れ物ができませんように!」と唱えることを、嚼癤（부름《ブルム》）という。あるいはこれは、歯を丈夫にする行事ともいわれる。

義州（平安道）の風俗では、年少の男女が早暁、固い飴をかじり、これを歯較という。

牖聾酒

上元の日の朝、清酒の冷いものを一盃飲めば、耳が明るくなるという。この酒を牖聾酒《ゆうしゆうしゆ》（または耳明酒　이명주《イミョングチュ》）という。

葉廷珪*の『海録砕事』によれば、「社日**に治聾《じろう》酒を飲む」と書いている。今の風俗では、上元の日にこれをおこなう。

＊　葉廷珪　中国宋代の人。
＊＊　社日　春分と秋分にもっとも近い、その前後の戊の日。立春後五回目の戊の日を春社日といって五穀豊穣を祈り、立秋後五回目の戊の日を秋社日といって秋の収穫を感謝する。

陳菜食

干瓢《かんぴょう》、蔈蕈《しいたけ》などの乾物や、大豆のもやし、蔓菁《かぶら》、蘿《だいこん》、葍《ひるがお》（根は初春、食用となる）などの貯蔵野菜を、陳菜という。上元の日にそれらを調理してナムル（나물　五目野菜）に作り、食べる。また瓜のかしら、茄子の皮、かぶらの葉っぱなども棄てずに干しておき、この日調理して食べれば、夏まけしないといわれる。

福裹

上元の日に菜の葉や海苔で飯を包んで食べる。これを福裹（복 쌈《ボクッツアム》）という。かんがうるに、『荊楚歳時記』には、「人日に七種の野菜をもって羹《あつもの》をつくる」と書いている。これが今では、上元の日にかわった。『詩経』衛風・谷風の

章にあるように、これらの風俗はすべて、厳冬にそなえて野菜を蓄える趣旨のものである。

五穀雑飯

五穀を混ぜた飯を炊《た》いて食べる。また隣り近所にこれをわける。嶺南地方の風俗も同様で、終日これを食べる。おそらくこれは、祭祀に供えた飯をたがいにわけていた古俗を踏襲したものであろう。

売暑

朝早く起きて、誰か人を見ればだしぬけにその名を呼ぶ。先方が返事をすればすかさず、「わが暑気を買え!」という。これを売暑という。こうして暑を売った者は、その年は暑気あたりをしないというので、百計をつくして呼びかけても、これに応じない。一種の戯れである。

かんがうるに、范石湖*の『売癡《ち》獃《がい》詞』に、「除夜は更けても人は睡《ねむ》らず、癡獃(おろかもの)を買えと、人に呼びかける」とある。また陸放翁の詩には、「骰子《さいころ》遊びに打ち興じて年を明けたのに、春困(春日の睡気)を売る子らは、早暁に起きる」(呼盧院落譁新歳　売困児童起五更)とうたい、その註には、「立春の未明、相呼んで春困を売る」と、書いている。今わが国で、上元に売暑する風俗も、これに似たものである。

＊范石湖　中国宋代の人で、名は成大、石湖はその号である。『石湖集』その他の文集がある。

児瘠辟除方

子どもが春、顔が黒ずみ、瘠せ細る病にかかったとき、上元の日に百家の飯をもらってきて、臼の上に犬と対坐し、一匙は犬に食べさせ、一匙は自分が食べれば、再びこのような病にかからないという。

不飼犬

上元の日は、犬に食餌をあたえない。食餌をあたえれば、夏に蠅がわき、犬が痩せるからである。だから俗に、腹の空いた人を、上元の日の犬のようだと、冗談をいう。

嫁樹

上元の日、果樹の枝がわかれたところに石をはさんでおけば、果実がよく実る。これを嫁樹という。

かんがうるに、徐光啓＊の『農政全書』には、「李《すもも》の樹にだけ、この方法を用いる」と書いており、兪宗本の『種果疏』には、「李を嫁するのは、正月一日か十五日である」と書いている。また陳淏の『花暦新栽』には、「李を嫁するには、除夜の早晩に枝のわかれたところを長竿でたたけば、実りが多い」、さらに「石《ざく》榴《ろ》を嫁するには、元旦に石を枝のわかれ目に挟めば、結実が大きい。また除夜にやってもよろしい」と書いている。けだし嫁樹の法は、除夜、元旦、上元のいずれでもよい。今の風俗はこれに沿うたものである。

＊ 徐光啓　中国明末の学者。宣教師として最初に北京にはいったイタリー人マテオ・リッチと親交厚く、ヨーロッパ科学を中国に紹介した漢訳書や著書が多い。『農政全書』はその一つ。

紙　鳶

子どもたちが紙鳶《たこ》（凧）の背に、「家口某生身厄消滅」と書いて空に揚げ、日暮れどきに、糸を切って遠くへ放してしまう。

紙鳶の作り方は、竹で骨をつくって紙を貼り、それはあたかも箕《みの》の形をしている。それを五色に染める。その名称には、碁斑、墨額、錚盤、方革、猫眼、鵲翎、魚鱗、竜尾などいろいろある。糸車（얼레《オルレ》）を作り、これに糸を巻いて廻

子供のたこあげ（現代）

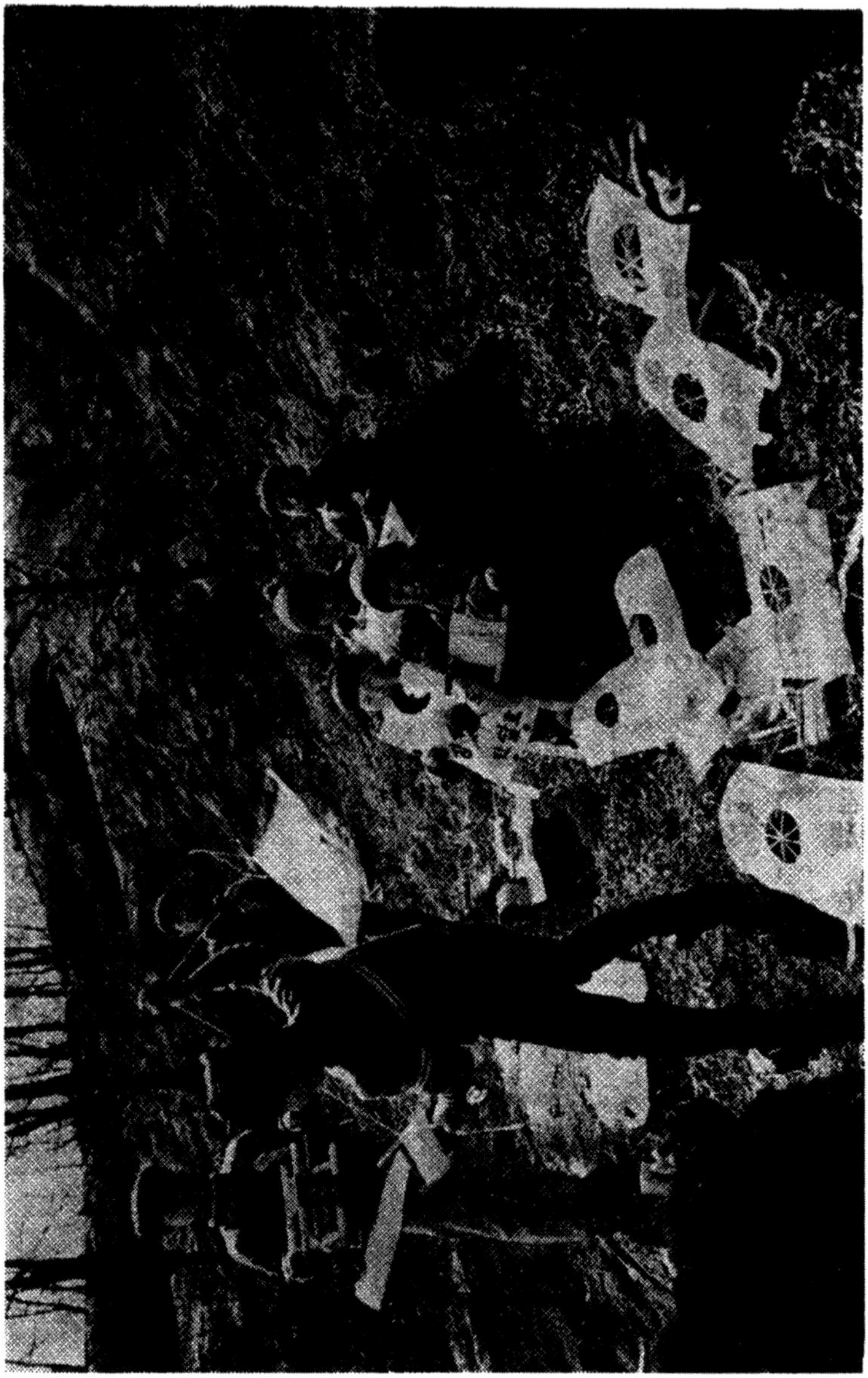

しながら、風向きにしたがってあやつる。これを風錚（연《ヨン》）という。中国ではその作り方がいっそう巧妙で、冬からはじまって晩春までの遊戯となっている。わが国でも冬から市中で売りはじめ、上元の日にいたる。世間の伝説では、紙鳶揚げの風俗は、崔瑩*が耽羅（済州島）を征伐しだときに始まると、伝えられている。

* 崔瑩　高麗末期の名将で、北からの紅巾の賊、南からの倭寇を討伐して大きな功をたてた。耽羅征伐とはいわゆる牧胡の乱を鎮圧したもので、牧胡とは、モンゴル（元）が高麗を侵略して以後、済州島に養牧人を派遣し、軍馬をはじめ牛、羊などを放牧したもの。済州島における高麗の主権が回復してからも、これら養牧人は、しばしば反乱をおこしたために、一三七四年崔瑩はこれを鎮圧した。
紙鳶の由来については、軍船が島に近づいたが、絶壁のような城壁にからたちの枝が無数につきさされ、攀じ上ることができない。そこで無数の紙鳶を軍船から放ち、それに軍兵がぶらさがって城内にはいり、これを鎮圧したと、伝えられている。

崔瑩は、後に李朝の創建者となった李成桂と対立して流配生活をおくり、死去した。

紙鳶揚げのときには、糸を合わせて膠《にかわ》をつければ白馬の尾の毛のようにきれいになり、これを梔子《くちなし》の実で染色すれば黄色くなる。紙鳶揚げに一定の場所はなく、縦横無尽に移動し、他人の紙鳶糸に引っかけて切り合いを挑み、多く切ったものが快哉をあげる。

紙鳶が風を切るとき、大空に唸る威勢のよいものほど、切り合いにも強い。甚しくは、糸に磁器の粉末や銅の粉末をつくって膠でつけることもあるが、要は相手の糸に引っかける技術に、腕のみせどころがある。ソウル都内で、切り合いの名手と喧伝される少年は、往々にして富豪権門の家に招かれ、観覧されることもある。

毎年上元の一両日前には、ソウル水標橋*付近の清渓川は、河岸の上や下が紙鳶糸の切り合いを観覧する人波で埋まる。群童のなかには、他人に切り合いを挑戦するのもいれば、切り合いに敗れて遠くへ飛んでいく紙鳶を睨《にら》みながら、あるいは川の中へ飛び込み、あるいは他人の家の垣根や屋根を踏みこえて、後を追う者もいる。しかし誰も、それを差し止めることはできない。上元が過ぎれば、紙鳶揚げはしない。

＊水標橋　ソウル中央を東西に流れる清渓川にかかる石橋で、橋桁には水位を測定する目盛りが刻まれていることで、水標橋という。

回回児

五色の紙を竹の骨に貼り、左右は円形または方形にし、大きさも一定しないで、五色の紙を貼った竹の骨を竹の棒の空洞に挿し込む。子どもたちがこれを持って遊ぶが、風に向かって走ればよく廻る。これを回回児（바람개비《バラムケビ》）という。

姑姑妹

一本の絹糸で鵞鳥《がちょう》の羽毛をつなぎ、子どもたちが風になびかせて遊ぶ。これを姑姑妹（꼬꼬매《ココメ》）という。姑姑妹はモンゴル語で、鳳凰の意味である。

交絲

子どもたちは、紙鳶揚げにつかった残りの糸に石をゆわえ、たがいに引っかけて引っ張る遊びをする。切られた方が負けである。

擲銭

地面に穴を掘って、おとなや子どもが二組に分かれ、その穴にあてて銭を投げる。それから王大銭という大きい葉銭《ようせん》を投げて、賭けた銭をあてる。穴にはいった銭と、王大銭であてた銭を取って勝ちとなる。誤ってあてるとか、あたらない者は負けとなる。

上元の日にこの遊びが盛んにおこなわれる。子どもたちは、銭の代りに、陶器の破片をつかってこれを投げるばあいもある。

迎月

黄昏《たそがれ》が迫る頃、炬火《たいまつ》をもって高所に登る。これを迎月(달맞이《タルマチ》)という。先に月を見た者が吉運である。

なお月の色をみて占いをおこなう。月の色が赤ければ旱《ひでり》のきざしであり、白ければ多雨のきざしである。

また月が出るときの形体の大小や、位置の高低によって占うこともある。さらに月の輪郭や四方の厚薄によって、東西南北四方の一年間の農事を占う。四方のうち厚い方向の地方は豊作のきざしがあり、薄い方向の地方は凶作のきざしがある。これは少しもたがうことがない。

弛夜禁

ソウル都城内の夜間警戒にあたる巡邏軍門*では、上元の日の夜間取り締まりを弛める。

* 巡邏軍門　宮中およびソウル周辺を夜間巡視する軍隊で、五衛（義興衛、竜驤衛、虎賁衛、忠佐衛、忠武衛）を中心に、訓練都監、御営庁、禁衛営、捕盗庁の軍人で組織された。

唐の韋述*はその『西都雑記』のなかで、「正月十五日夜、金吾（義禁府）に勅許して前後各一日は夜禁を弛める。これを放夜という」と書いている。わが国の風俗も、これにならったものであろう。

* 韋述　中国唐代の学者で、安禄山の乱とのかかわりあいによって流配され、死去した。

踏橋

ソウルの男女たちは、全都をあげて家を出て、閲雲街（ソウル鐘路街の旧称）の鐘閣に集まり、夕べの鐘の音を聞く。それから三々五々に散じて各処の橋に至り、夜もすがら橋を往来し、絶えることがない。これを踏橋という。

世間に伝わる説によれば、橋と脚は朝鮮語音が同じくタリ（다리）であるから、踏橋すれば年中脚の病気にかかることがないといわれる。

上元の夜は、ソウル都内の大広通橋、小広通橋、および水標橋がもっともにぎやかで、踏橋する人波に埋まり、簫《ふえ》を吹き、鼓《つづみ》を打ち鳴らして、喧噪をきわめる。

かんがうるに、雍洛の『霊異録』には、「唐の朝廷では、正月十五日前後の三夜は、士女たちが夜遊びすることを許したので、車馬が路を塞いだ」と書いており、陸啓浤の『北京歳華記』には、「正月十五日の夜、婦女たちが倶《とも》に門を出て橋に走っていく」と書いている。

また于奕正*の『帝京景物略』には、「上元の夜、婦女たちが相伴って夜歩きし、もって疾病を消すことを走百病、つまり百病を走らすという」と書いており、沈榜の『宛署雑記』には、「正月十六夜、婦女たちが群遊し、およそ橋のあるところには、三々五々相伴ってこれを渡る。これを度厄という」と書いている。

わが国における踏橋の風俗も、これに由来するものであろう。

＊ 于奕正　中国明代の人で、『帝京景物略』のほかに『天下金石志』などの著書もある。

李晬光＊はその『芝峯類説』のなかで、「上元の日の踏橋の戯は、前朝（高麗朝）より始まり、太平の時にもっとも盛んである。士女たちが列をなして夜に達しても止まらず、法官はこれを禁じて捕うるにいたった」とのべている。今では婦女たちが踏橋する風俗はとだえるにいたった。

＊ 李晬光　李朝中期の人で、朝鮮実学派の先駆者の一人。『芝峯類説』はその代表的著作。

辺戦

ソウル三門（南大門、東大門、西大門）外および阿峴《けん》の人たちは、群を成し、隊を分かち、あるいは棒を持ち、あるいは投石し、喊声をあげながらたがいに肉薄して、万里峴という峠のうえで接戦の状態にはいる。これを辺戦（편싸움《ピオンツアウム》）といい、退却した方が負けとなる。

俗に三門外の方が勝てば、畿内（京畿道）が豊作となり、阿峴の方が勝てば、他の諸道が豊作になるといわれている。竜山、麻浦の悪童連は党を組んで阿峴の方に加担し、両方の接戦たけなわのときは喚声地をゆるがし、ねじりはち巻きでたがいに攻めあい、額が割れ、臂《ひじ》が折れ、血を見るも止まない。また死傷しても悔いず、生命を償う法もないので、人は皆、石を畏れてこれを避け、官庁が禁止しても、根強い風習は、全くあらたまらない。ソウル城内の群童もこれにならい、鐘路や琵琶亭あたりで盛んにおこなう。城外では、万里峴と雨水峴が、辺戦の場所となっている。

安東（慶尚道）の風俗では、正月十六日、府内の住民たちが中渓川をもって界となし、左右両方に分かれて投石合戦し、勝敗をきめた。また両西地方（平安道と黄海道）でも、上元の日に投石合戦がおこなわれる。

かんがうるに、『唐書』*高麗伝には、「毎年の初め、群衆浿水（大同江）に集まり遊ぶのに、たがいに水をかけ、石を投げて攻防すること再三にして止む」と書いている。これがわが国における石戦の始まりである。

* 『唐書』『唐書』には『旧唐書』と『新唐書』の二種があり、『旧唐書』は後晋の劉昫が、『新唐書』は宋の欧陽修、宋祁がそれぞれ撰している。ここに引用さ

れている『唐書』は、『新唐書』を指している。

張油燈

上元の日、家々の各室には、夜が明けるまで燈火をともす。あたかも大晦日の除夜守歳の例の如くである。

安宅

上元の前日から盲人をむかえて、「安宅経」を誦してもらい、夜に達する。これは厄を払い、福を祈る行事で、月末までおこなう。

木影占年

長さ一尺の棒を庭のまん中に立て、午の刻（夜十二時）、月光による棒の影によってその年の豊凶を占う。影の長さが八寸あれば、風雨順調で豊作、七寸または六寸もともに吉兆、五寸あれば不吉、四寸は洪水と虫害のおそれあり、三寸は穀物が全く実らない。

かんがうるに、この方法は東方朔*から出たものであろう。また『花暦新栽』には、「上元の夜、一丈におよぶ竿をたて、午の刻に、竿の影が六―七尺あれば豊作、八―九尺のばあいには主として水害、三―五尺のばあいには旱害となる」と書いている。上元の夜、木影を測るならわしは、これに由来したのであるろう。

東方朔　中国漢代の人で、いろいろな伝説的逸話が多い。

盂灰占年

夜半、灰を盂《はち》に入れ、屋上に置いておくと、天から穀物の種子が落ちてくる。翌朝早く起きて、落ちてきた穀種がなんであるかをしらべて、その豊凶を占う。

鶏鳴占年

早暁一番鶏の鳴き声をかぞえて、それが十回以上あれば、豊年の兆であるという。地方農村の風俗である。

撈竜卵

両西地方（黄海道と平安道）の風俗に、家々では鶏鳴を待って、瓢《ひさご》の柄杓をもって、先を争って井華水（정 화수《チョングホアス》　暁に汲む水）を汲む。これを撈竜卵、つまり竜卵すくいという。先に汲む者はその年に農功があるという。

月滋・戸滋

大豆十二個に、十二ヵ月の標《しるし》をつけ、とうもろこしの稈《くき》に納れて束ね、井戸のなかに沈めておく。これを月滋という。翌朝それを引きあげて、大豆の滋（ふやけ）ぐあいをしらべて、それぞれの月の水害、旱害、順調などの兆候を知る。

また村中の戸数だけの大豆に、それぞれ戸主の標をつけ、とうもろこしの稈に納れて井戸に沈める。これを戸滋という。翌朝これを引きあげて、その滋《ふやけ》ぐあいをしらべ、よくふやけた家は、その年の農事が順調で、不足がないといわれる。

炬戦・絜河戯

湖西地方の風俗に、炬戦（횃불싸움《フエップルッアウム》）がある。また隊を分かち、綱引きをして、引っぱられない方が勝ちとなり、豊作を占う。これは昔の絜河戯（または索戦 줄다리기《チユルタリギ》）である。京畿道の風俗にもこれがあり、また僧徒の間でも、この戯がおこなわれる。

唱名逐鳥

関東地方（江原道地方）の山村には、群童がいっせいに百鳥の名を唱えながら、それを逐うまねをする風俗がある。これは鳥害を防ぎ、五穀豊穣を祈る意味である。

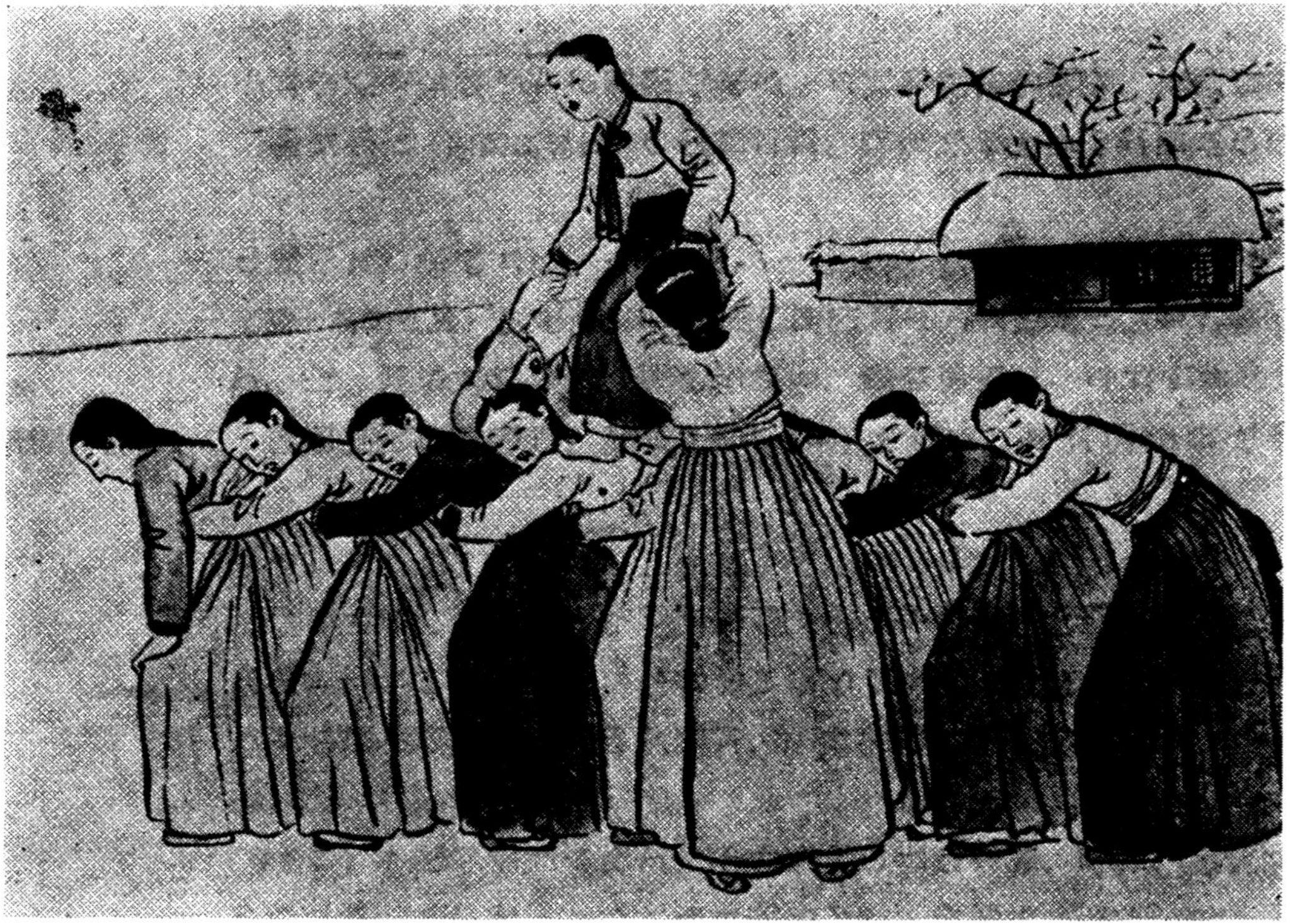

ノッタリ（銅橋）遊び

車戦・葛戦

春川（江原道）の風俗に、車戦がある。各村が隊を分かち、一輪車を前に押しながら、相戦う。もってその年の農事を占う。退却した方が凶作になるという。加平（京畿道）にも同じい風俗がある。

嶺南地方には、葛戦の風俗がある。葛《くず》の蔓をもって太さ四—五十把くらいの綱を作り、隊を分かちて相引き、勝負をきめる。このようにして豊凶を占う。

銅橋

安東（慶尚道）の風俗では、村婦たちが、老弱を問わず、夜、群を成して城外に出て、魚を貫いた如くに上半身を伏せて前後につながる。そして、一人の幼女が左右から支えられて、そのうえを往来するのが、あたかも踏橋の如くである。

幼女が、「これは何という橋か」と先唱すれば、伏せている者たちはいっせいに、「清渓山の銅橋（놋다리《ノッタリ》）だよ」と、答える。このようにして大路を東に西に移りながら、夜更けまでつづける。

撃出日傘

豊基（慶尚道）の風俗には、正月十五日に邑の首吏が、後ろ向きに黒牛にまたがり、琴をかかえて官衙の庭内にはいる。そして郡守に拝礼してから、日傘をかざして出てくる。これが何を意味するかは知らないが、おそらく福を祈る行事であろう。

月内雑事

開市

元日から戸を閉めて休んでいた市廛《みせ》が、吉日をえらんで開市する。その吉日として、必ず毛虫日*をとる。それは、毛が生えしげるように商売繁昌の縁起をかつぐための風習で、毛虫日のなかでも寅《とら》の日を最良とする。

* 毛虫日　十二支で子、丑、寅、卯、午、未、酉、戌、亥に当たる日をいう。

春到記科

太学と四学*に在学する儒生たちのなかで、食堂到記**に該当する者を集め、国王親裁のもとに講釈と製述を試験する。講釈は三経(『詩経』、『書経』、『孝経』)のなかの一つをもってし、製述は節製(四一頁参照)の例にしたがう。

＊　太学と四学　太学は李朝時代における最高学府の成均館。四学はソウル市内にある中学、東学、南学、西学の四つの学校をいう。李朝の教育制度を図で示せばつぎのようになる。

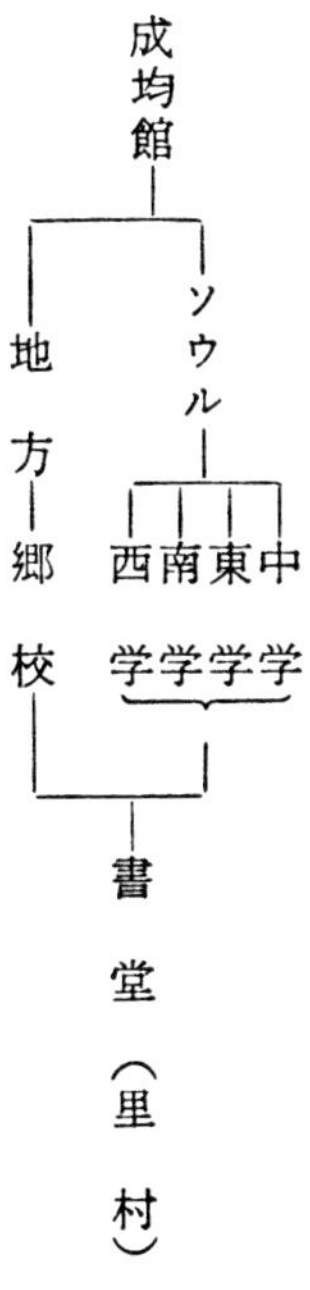

＊＊　食堂到記　儒生たちの出欠を、食堂の出入回数によって記録した出席簿のことで、これが一定の回数に達したとき、始めて科挙に応試する資格があたえられた。

講釈と製述において首位の成績をおさめた者には、賜第（四〇頁の註参照）の資格をあたえるが、これを春到記科という。また秋季にもこれをおこなうが、これを秋到記科という。

慎日

慶州（慶尚道）の風俗で、正月の上子日（最初の子の日）、上辰日（最初の辰の日）、上午日（最初の午の日）、上亥日（最初の亥の日）には、百事に挙動を慎しみ、もって慎日となす。けだし、新羅の炤智王十年正月十五日、烏、鼠、竜、馬、猪などの奇異な知らせによって、国王が琴匣の禍（四三頁の註参照）を免れたために、国人たちが子、辰、午、亥の日を慎日としたことに由来している。

俚言で、「怛忉」は悲愁、禁忌の意味であり、金宗直*の「怛忉歌」がある（『東国輿地勝覧』を見よ）。

* 金宗直　李朝初期の学者で、号は佔畢斎。

忌日・怨日

正月十六日は、地方の風俗として、挙動を慎しみ、木製品を家に納れず、この日を忌日となす。慶州の遺俗にならったもののようである。

正月二十四日は、毎年天気が曇ってうっとうしい。けだし倭乱のとき（豊臣秀吉の朝鮮侵略）、日本兵がソウルを占領していたが、明軍が勝に乗じてソウルに迫った。日本兵はおどろいて夜半に逃げながら、放火や殺戮をほしいままにしたため、何ものもそれからのがれることはできなかった。この日曇るのは、その怨念のためだといわれる。

敗日

八日があやまって発音されて、敗日となった。「八」と「敗」は、中国語音が同じだからである。この日男たちは門外に出ず、俗に忌日としている。かんがうるに、高麗の風俗では、毎月八日、婦女たちが城内外に出て遊ぶことになっていたので、男たちは留守番のため外出できなかった。これが訛伝されて、今では男たちにとって外出によくない日となってしまった。

上下弦

上弦日(旧暦で毎月八日)と下弦日(同じく毎月二十三日)は、潮減日という。毎月、忌事にかかわりのある家では、この日が過ぎてから、たがいに交際する。また忌事があって人を避けなければならぬ人も、この日が過ぎてから、交際をはじめる。

三敗日

五日、十四日、二十三日は三敗日といって、毎月この日には、百事を忌みて挙動をつつしみ、外出をさし控える。

けだしこれは、高麗時代からの風俗で、この三日は、国王の所用の日であったから、臣民は忌日としてこの日を用いなかった。本来敗日ではなかったのである。

二月

朔日

中和尺

朔日《ついたち》に国王は、宰臣や侍従たちに、中和尺（中和節に国王がたまわる尺）を頒賜する。尺は、斑竹または赤木《いぶき》を用いてこれを作る。正祖丙辰年（一七九六年）に、唐代の中和節の故事を修めた行事である。

かんがうるに、李泌*の『正月奏』に、「晦日《つごもり》をもって名節とするのはよくないから、二月朔日をもって中和節とし、百官をして農書を進めさせ、もって務むるべき大本を示すことを請う」とある。中和尺を頒賜するのは、このような意味からであろう。

* 李泌　中国唐代の人で、経史や詩文にすぐれていた。

松餅

正月十五日につくった禾竿（四四頁参照）の籾《もみ》をおとして、白餅を搗く。大きいのは掌《てのひら》の如く、小さいのは卵ぐらいとし、すべて半月形につくる。蒸した豆をもって餡とし、甑《こしき》のなかに松葉で隔てながら白餅を並べて蒸しあげる。それを甑から出して水で洗い、香油を塗る。これを名づけて松餅（송편《ソングピョン》）という。

奴婢日

この日奴婢（使役人）たちに、年齢の数だけ松餅をわけあたえる。俗にこの日を奴婢日《イルクンナル》とし、農事がこの日から始まるので、働き手たちをもてなすのである。餅商は赤い豆、黒い豆、青い豆などを用いて餡とし、あるいは蜂蜜を和してこれを包み、あるいは蒸した棗《なつめ》、茹でた芹《せり》を混ぜ合わせて餅をつくるばあいもある。松餅はこの月からの時食である。

香娘閣氏

堂宇をきれいに掃き清め、剪り紙に「香娘閣氏速去千里」の八字を書いて、椽《たるき》上に貼る。「閣氏《カツクシ》」は朝鮮語で女子の意味であり、「香娘閣氏」というのは、馬陸《やすで》という虫を指して茶化した表現である。つまり馬陸を忌みきらい、その発生をふせぐ意味の文辞である。

霊登神

嶺南地方の風俗では、この日家々で神を祭るが、その神名を霊登神という。巫が、霊登神がのりうつったとして村中をまわれば、人々は争ってこれを迎えいれて楽しむ。

二月朔日から十五日または二十日に至るまで、人たちはたがいに交際することを忌みきらう。

燃燈

済州島の風俗では、二月朔日、金寧、帰徳などで十二本の竿をたて、神を迎えてこれを祭る。涯月の住民たちは、馬頭の形をした木をえらび、これを彩帛で飾って、躍馬戯をおこなう。これは神を楽しませるための行事で、十五日にいたって止む。これを燃燈という*『東国輿地勝覧』を見よ」。

＊ 嶺南地方（慶尚道）の霊登神はヨングトングハルモニ（燃燈婆）ともいい、済州島の燃燈神とは同じ系統の風神である。両地方ともこの時期は風が強く、風神を楽しませて風害をやわらげようとした行事であろう。

参星占

初昏（日没直後）の頃、参星という三つの星が、月の前にあり、轡《くつわ》を曳くようにして遠くはなれていれば、豊年の兆《しるし》である。

かんがうるに、崔寔の『農家諺』に、「二月のたそがれ、参星の夕べ」(二月昏　参星夕)とあるのは、これのことである。

薦氷

氷を太廟(李朝歴代王の神位を安置した宗廟)にすすめる。

『礼記』の月令によれば、「仲春の月(二月)に、天子は氷庫を開いて、先ず宗廟に氷をすすめる」と書いている。わが国の制度も、また同様である。

二十日に雨が降れば、豊年のきざしであると占い、少し曇っても吉兆である。

禁乗船

済州島の風俗では、この月の乗船を禁止する(『東国輿地勝覧』を見よ)。

三月

三日

花煎・花麵

杜鵑花《つつじ》を採って糯米《もち》の粉に拌《ま》ぜ、まるい団子を作り、香油で炒めたものを花煎（화전《ホアチョン》）という。これは、むかし寒具といわれた油炒めの餅である。

また緑豆（ぶんどう豆）の粉をよくかき拌ぜて煮熟させ、それが冷えて固まったものを細切りにする。これに五味子《ごみし》（木蓮科の植物の実）のしぼり汁を入れ、蜂蜜を和し、松の実をあしらったものを、花麵《ホアミョン》という。緑豆の粉に、杜鵑花を混ぜて作るばあいもある。

また緑豆麵をつくり、あるいは紅色に染め、蜂蜜をといた水をそそいだものを、水麵という。これらはいずれも、祭祀のときにお供えしたり、時食となる。

率巫祈子

鎮川（忠清道）の風俗では、三月三日から四月八日に至るまで、婦女たちが巫をつれて、牛潭べりの東西にある竜王堂と三神堂に、男の児が生まれますよう、祈願する。そのような婦女たちが四方からあつまって列をなし、絶えることがない。またこれを見物する人たちが、あたかも市日《いちび》のように雑沓する。これが毎年の常例となっている。

清明

賜火

楡《にれ》と柳の木に火を取り、各官庁に頒賜する。これは周官の出火と、唐宋の賜火の遺制である。

春耕

農家ではこの日をもって、春耕をはじめる。

寒食節祀

寒食

ソウルの風俗では、墓参りをして祭祀をおこなうのは、元旦、寒食、端午、秋夕の四大名節のときである。このとき酒、果、脯（乾肉）、醢（塩辛）、餅、麵、臛（肉のあつもの）、炙（串にさして焼いた肉）などをお供えする。これを節祀という。

それぞれ先代からの家風にしたがって差異はあるが、寒食と秋夕がもっとも盛んである。このとき都市周辺の郊外は、墓参りする男女が列をなして、絶えることがない。

かんがうるに、唐の鄭正則はその『祠享儀』のなかで、「昔は墓祭にかんする記録がないが、孔子が許望の墓に、時節にしたがって祭祀をおこなった」と書いている。けだし墓祭は、これに由来したものであろう。

また唐の開元（玄宗のときの年号）のとき、寒食の日に墓参りすることを勅許した。五代のとき後周では、寒食の野祭には、紙銭《しせん》を焼くのみであった。寒食の日の墓祭は、唐のときから始まったのである。

斉（中国春秋時代の国名）の人たちは、この日を冷節または熟食と呼んだが、これは介子推*の焚死をいたみ、憐れんで、火を禁じた遺俗である。いま元旦、端午、秋夕に寒食を加えて四大名節とするのは、わが国の風俗である。宮中ではさらに冬至を加えて、五大節享となす。

* 介子推　中国春秋時代の隠士。晋の文公に従って十九年間亡命して苦楽を共にした。後に文公が帰国して君主となったが、かれに封禄をあたえず、かえりみなかった。介子推（介之推）は母とともに緜山に身を隠した。文公がその非を悟って、かれを下山させるための策として山に火を入れた。しかしかれは、母とともに焚死し、遂に下山に応じなかった。その後人たちは、かれの生涯を憐れみ、この日は寒食といって火を用いず、野祭をおこなってその霊を慰めたという伝説がある。

下　種

農家では、この日をもって、田圃に春の種播きをおこなう。

月内雑事

蕩平菜

緑豆泡（녹두묵《ノックトムッ》）をつくって細切りにし、豚肉、芹、海苔などをあしらって、醋《す》醤《じょうゆ》につけて食べれば、味がさわやかで、晩春の時食に適している。これを蕩平菜《タングピョンチエ》という。

水卵

熱湯に卵を入れ半熟にしたものを、醋醤につけて食べる。これを水卵という。また黄苧蛤（貝類の一種）と石首魚《ぐち》をもってお汁をつくり、これを食べる。

膾材

蘇魚は安山（京畿道）の内海でとれ、俗名で葦魚（위어《ウイオ》）といわれる紫魚（웅《ウング》어《オ》）は、漢江下流の高陽および幸州（いずれも京畿道）でとれる。春の末に司饔院*では、網をもってこれをとり、国王に進上する。魚の行商たちは市内をまわりながら、膾《なます》（さしみの一種）の材料を買え！　と、呼びかける。

＊司饔院　李朝時代に国王や宮中で必要ないっさいの食料品の調達および料理を

管掌した官署。

桃の花が散る前に、河豚《ふぐ》を芹、胡麻油、醤油などで調理して羹《あつもの》となすが、風味がきわめて絶妙である。河豚は露湖の産が、もっとも早く市場に出廻る。河豚の毒をおそれる人は、これにかわって禿尾魚《ぼら》を用いるが、これらは季節魚として佳品である。

薯蕷蒸食

薯蕷《やまいも》は、蒸して食べるか、あるいは小さく切って、蜂蜜につけて食べる。

過夏酒・焼酒

酒商は過夏酒をつくって売る。酒の名称には小麹酒、杜鵑酒、桃花酒、松筍酒などがあり、いずれも春に醸造する佳酒である。

焼酒としては、ソウル孔徳里甕幕あたりでつくる三亥酒がもっとも有名で、数百、数千の甕に仕込む。関西地方の甘紅露酒、碧香酒、海西地方の梨薑膏、湖南地方の竹瀝膏、桂当酒、湖西地方の魯山春酒などは、いずれも佳酒である。

饊餅

餅商は、粳米《うるち》の粉をもって鈴の形の白い小餅をつくる。そして豆の餡を入れ、先の方をすこしねじる。これを五色に染め、五箇ずつ連珠のようにつらねる。あるいは青色、白色に色付けして半円形にし、小さい餅は五箇ずつ、大きい餅は二、三箇ずつ連ねることもある。これらを総称して饊餅という。

環餅・甑餅

また松の皮（松の表皮の下のやわらかい内皮）や青蒿《よもぎ》を入れて丸い餅を搗き、五色に色付けしたのを環餅といい、そのなかで大きいのを馬蹄餅という。

さらに糯《もち》米の粉に、種をぬいた棗《なつめ》の実を入れて甑《こしき》餅をつくることもある。これらはいずれも、春節の時食である。

『歳時雑記』によれば、「二社（春社日と秋社日、四八頁参照）に餅を食べることを尚ぶ。それは棗を入れてつくる」と書いている。いまの風俗も、これと同じである。

南酒北餅

ソウル南山麓一帯ではよい酒をつくり、北村一帯ではよい餅をつくるので、俗に「南酒北餅」ということばがある。

四馬酒

四午の日（正月から四回目の午の日）に酒を仕込めば、春が過ぎる頃にできあがり、一年中変質しない。これを四馬酒という。

李東岳安訥*は、友人南宮績と盃をかわしながら作詩した『四馬酒詩』で、「そなたの名だたる家伝酒、年を経てなお変らぬは、その醸法、玉薤《ぎょくかい》酒の秘伝に従ったのであろうか」（君家名酒貯経年　醸法応従玉薤伝）と、うたっている。

* 李安訥　李朝中期の人で、東岳はその号。文名たかく、多くの官職を歴任した。文集に『東岳集』がある。

始蚕

家々では、桑を摘んで養蚕をはじめる。

青根商

野菜商が初物《はつもの》の菘《とうな》（あぶら菜の一変種とされる葉菜）を背負うて、群をなして声をはりあげながら売り歩く。これを青根商という。また初物の蔓菁《かぶら》も売り歩く。いずれも季節野菜として時食となる。

花柳

ソウルの風俗に、山阿水曲の景勝地を訪ねて遊ぶことを花柳《ファリュ》という。これは上巳日（三月三日）に踏青（新芽を踏んで歩くこと）する昔からの風俗である。

弓戯

ソウル近郊の弼雲台の杏花、北屯の桃花、興仁門外の楊柳などは、もっともよい花柳場として知られ、多くの人がここに集まる。

射　会

ソウルおよび地方の武士および里民たちは、標的をたて、組を分かちて射会をおこなう。そして勝負を争い、後に酒を飲んで楽しむ。秋季にもまた、射会がおこなわれる。

閣　氏

乙女たちが青草を採って髪型をつくり、木を削ってこれにかぶせ、赤い衣裳を着せる。これを閣氏という。そして褥席《しとね》や枕屏風を設け、ままごとをして戯れる。

柳　笙

子どもたちは柳の小さい枝を折り、觱篥《ふえ》(피리《ピリ》)をつくって吹く。これを柳笙という。

青春敬老会

江陵(江原道)の風俗として、敬老のため、佳い時節をえらんで、七十歳以上の老人を景勝地に招待して慰める。これが青春敬老会であるが、ここには奴婢のような身分の賤しい人でも、七十歳をこえた老人は、もれなく招待される〔『東国輿地勝覧』を見よ〕。

四節遊宅

慶州（慶尚道）の風俗に、春から四季の遊賞地をもって、四節遊宅としている。春の東遊宅、夏の谷良宅、秋の仇知宅、冬の加伊宅がそれである〔『東国輿地勝覧』を見よ〕。

郷飲射

南原（全羅道）の風俗に、州民たちが春に竜潭または栗林にあつまって、酒を飲みながら弓を射ることをもって礼としている〔『東国輿地勝覧』を見よ〕。

竜安（全羅道）の風俗にも、春になれば邑民たちが道具をととのえて、郷飲酒礼をおこなう。

八—九十歳の者、六—七十歳の者、五十歳以下の者が、それぞれ年齢の序列にしたがって同席し、人をしてつぎのような誓文を朗読させる。

「父母に不孝なる者はしりぞける。兄弟不和なる者はしりぞける。朋友不信なる者はしりぞける。朝政を誹謗する者はしりぞける。守令を非難する者はしりぞける。一に曰く、徳業をたがいに勧める。二に曰く、過失をたがいに正す。三に曰く、礼俗をたがいに守る。四に曰く、患難はたがいに助ける。すべての同郷人は、それぞれ孝友忠信を尽くして、醇厚なる良俗に帰一しよう」。

誓文を読みおわれば、ともに再拝して飲射の礼をおこなう。秋季にも同じような行事がおこなわれる〔『東国輿地勝覧』を見よ〕。

遮帰神

済州島の風俗に、毎年春には、男女が広壌堂や遮帰堂に群集して、酒や肉を供えて神を祭る。またこの地方には爬虫類や蜈蚣《むかで》が多く、もし灰色の蛇が現われると、遮帰神といって、これを殺さない。秋季にも同じような行事がおこなわれる〔『東国輿地勝覧』を見よ〕。

国師神祭

清安（忠清道）の風俗には、三月の初めに県の首吏が邑民たちをひきつれて、国師神夫婦を、東面にある長鴨山上の大樹から迎えて邑内に入る。そして巫覡《ふげき》（みこ）をして酒食をお供えするようにさせ、鉦《かね》や鼓を打ち鳴らしながら、県の官衙をはじめ各官庁をまわれば、その神に祭祀をおこなう。二十余日にしてその神を大樹のところにかえすが、このような行事は二年に一回ずつおこなう。

四月

八日

八日燈夕

四月八日は浴仏日、つまり釈迦牟尼《しゃかむに》の誕生日である。わが国の風俗では、この日燃燈の行事をおこなうので、燈夕という。

民間では数日前からそれぞれ燈竿をたて、その竿先に雉の尾羽根を飾り、色《いろ》帛《ぎぬ》でつくった旗をたてる。貧しい家では、燈竿の先に老松の枝を結びつける。そして各家庭では、子女の数だけ燈籠を懸け、燈火の明るいのを吉とする。九日にいたってこれを止める。

豪奢な家庭では、大竹数十を縛りつけてたて、五江*から杋柱をかついできて棚をつくり、その先端に日月圏（竿頭に挿してくるくる廻るようになった装飾）を挿し、それが風をうけて、目がくらむほど廻る。あるいは廻転燈を懸け、その廻

四月八日の燈夕

る様は、あたかも尾を引いて走る弾丸のようである。

＊五江　ソウルに近い漢江沿岸の船の発着場で、漢江、竜山、麻浦、支湖、西湖を五江という。

あるいは紙に火薬を包み、乗機箭《せん》（弓箭に火をつけて発射する武器）のように上に向けて発射すれば、花火が雨あられのように降ってくる。あるいは燈竿の先端に、数十尋《ひろ》の長さに紙片をつないで吹き流しにすれば、そのなびく様は、あたかも竜の如くである。あるいは筐筥（方形または円形の竹かご）を懸け、あるいは傀儡《かいらい》に衣服を着けて綱に結びつけ、これをあやつる。

ソウル市内に立並ぶ市廛《みせ》では、たがいに燈竿を支える棚の高さをきそい、数十本の縄を張って、それを引きあげるのに躍起となる。棚の低いのは、みんなの物笑いの種になるからである。

『高麗史』＊には、「王宮のある国都から地方郷村にいたるまで、正月十五日前後の二夜にわたって、燃燈の行事をおこなったが、崔怡＊＊のとき四月八日に燃燈するようにした」と書いている。正月十五日に燃燈するのは、本来中国の制度であり、高麗のときこれを廃した。

＊『高麗史』　高麗王朝が亡びて李朝にかわってから、高麗王朝四七五年間の歴史を紀伝体で著述した正史。一四五一年に完成し、全一三九巻に及ぶ。

＊＊崔怡　高麗中期の武臣政権のときの権力者。後に名を瑀に改めた。一二三四年にモンゴル（元）軍が侵入してきたとき、かれは都を開城から江華島に移して抗戦をつづけながら、他方では『高麗大蔵経』の彫版事業をなしとげた。

また『高麗史』には、「国俗に四月八日をもって釈迦の誕生日となし、家々では燃燈の行事をおこなう。この日の数十日前から、子どもたちは剪《き》り紙をして竿に旗をつくり、あまねく城中の街里をまわりながら、声をはりあげて米と布を求め、その費用にあてる。これを呼旗という」とみえているが、今の風俗で燈竿の先端に旗をかざすのは、「呼旗」の遺風である。このように燃燈が必ず四月八日におこなわれるようになったのは、崔怡のときからである。

燈　名

燈籠の名称には、西瓜燈、蒜子燈、蓮花燈、七星燈、五行燈、日月燈、毬燈、船燈、鐘燈、鼓燈、楼閣燈、欄干燈、花盆燈、轎子燈、山標燈、瓶燈、缸燈、鈴燈、卵燈、竜燈、鳳燈、鶴燈、鯉燈、亀燈、鼈燈、寿福燈、太平燈、万歳燈、南山燈などいろいろあるが、それらの名称はいずれも、燈形かまたは字形を象徴したものである。

燈籠は紙を貼るか、あるいは紅碧の紗を用い、雲母《きらら》を吹きつけて飛仙や花鳥を描くこともある。燈籠の平面や稜線には三色の巻紙や紙片を貼って、風になびくようにする。鼓燈には多くのばあい、三国時代の故事にでてくる騎馬将軍像を画いている。

影　燈

また影燈(回り燈籠)というのがあって、そのなかに回転する鏇機《せんき》(ろくろ)を装置して、剪り紙をもって、狩りをする騎馬者が、鷹や犬をひきつれ、虎、狼、鹿、獐《のろじか》、雉、兎などを追う像をつくり、鏇機に貼りつける。風によって鏇機がまわれば、燈籠にその影がうつるようになっている。

かんがうるに、蘇東坡はその『与呉君采書』のなかで、「いまだかつて影燈を見たことがないが、『三国志』を一閲するのがどうだろうか」と書いている。これは、影燈には必ず三国時代の故事を象形した絵を画いていたことを指摘したのであろう。

また范石湖の『上元紀呉下節物俳體詩』に、「影がまわれば、騎馬が縦横に走る」という句があり、その註には「馬騎燈」と書いている。おそらく宋のときから、このような風俗があったのであろう。

観燈

市街で売っている燈籠は、千形百状五彩絢爛たるもので、高価であり、たがいに奇抜さをきそいあう。これを見物する人波で、ソウル鐘路街はごったがえす。また鸞《らん》鳥、鶴、獅子、虎、亀、鹿、鯉、鼈《すっぽん》に、仙官や仙女がまたがった玩具が売られ、子どもたちはこれを買って戯れる。

燃燈の夕べは、常例として夜間通行禁止が解除される。ソウル城内をあげて男女たちが、初昏（日没直後）から南山や北岳の山麓に登って懸燈を見物し、ある者は管絃楽器を奏でながら、市内を練り歩く。このようにしてソウル市内は、夜が更けるまで人波がごったがえし、不夜城をなして喧噪をきわめる。

ソウル近郊の農村からは、老婆たちが手を引かれながら先を争って来り、かならず南山の蚕頭峯に登って見物する。

子どもたちはそれぞれ燈竿の下に、石楠《しゃくなげ》の葉をつけた甑餅、煮た黒豆、芹のおひたしの膳を設ける。これは釈迦の誕生日に、簡素な料理で客をもてなし、楽しませるためだといわれる。

水缶戯

また盆水に瓢《ひさご》を浮かばせ、箒《ほうき》の柄で叩いて単調な音をだすのを、水缶戯（물《ムル》장구《チャングク》）という。

かんがうるに、張遠*の『陝志』に、「京師の風俗として、念仏を唱えるばあい、豆をもってその数を識《し》る。四月八日の釈迦誕生日にその豆を炒り、それに塩を少しまぶして、路頭で遇う人にすすめる。そして縁を結ぶ」と書いている。いまわが国の風俗として、この日に豆を炒るならわしは、これに由来したものであろう。

* 張遠　中国宋代の人で、山中に隠居し、山水画をよくした。

また『帝京景物略』には、「正月十五日の夜、子どもたちは大鼓を打ち鳴らして、夕べから夜明けまでに及ぶ。これを太平鼓という」と書いている。いまわが国の水缶戯は、太平鼓に似たものであるが、水缶戯は、釈迦誕生日の燈夕におこなわれるのが、太平鼓と異っている。

月内雑事

餅商たちは、糯米《もち》の粉をよく搗《つ》いて一片ずつちぎりとり、酒をもって醱酵させ、ふっくらとした鈴の形のようなものにする。そして煮豆に蜂蜜を和してつくった餡を、鈴のようにふくれあがった餅のなかに包む。餅のうえには種を抜いた棗《なつめ》を嵌《は》めこみ、よく蒸しあげる。これを蒸餅という。

かんがうるに、『芸苑雌黄』には、「寒食には小麦粉をもって蒸餅をつくるが、その形が団子のように丸く、棗をつけたのを棗餻という」とみえているから、いまの風俗は、これに由来したものであろう。

また鈴のようにふっくらと醱酵させないで、そのまま蒸して食べるばあいもあり、黄色い薔薇《ばら》の花を入れて餅をつくり、油炒めにして食べるばあいもある。これはあたかも、三月三日の花煎（七五頁参照）のようなものである。

魚　菜　鮮魚を細く切り、これを煮る。これに菰菜《まこも》（水草の一種で、春末に白くてやわらかい薹《とう》が生じ、食用となる）、菊菜《きくな》、葱芽、石耳（きのこの一種）、あわび、鶏卵などを拌ぜ合わせたものを魚菜《オチエ》という。

魚饅頭　また鮮魚を厚く切って平たい片とし、そのなかに肉餡を入れて包み、煮たものを、魚饅頭という。これらはいずれも醋《す》醤《じょうゆ》をつけて食べる。

芹葱膾　さらに茹でた芹一茎と葱一茎を合わせて捲き、膾《なます》にする。これを椒醤（とうがらし味噌）で調味して食べる。以上はいずれも、初夏の時食である。

鳳仙花染指　娘たちや小さい子どもたちは、鳳仙花に白礬（明礬を焼いてかたまりにした薬）を混ぜて、爪を染める。

熊山神　熊川（慶尚道）の風俗に、その地方の土着民が、熊山神堂から神を迎えて下山し、鐘や鼓《つづみ》をたたきながら雑戯をする。遠近から人たちが先を争ってあつまり、これを祭る。十月にもこのようにするのが常例となっている〔『東国輿地勝覧』を見よ〕。

五月

端午

艾虎

この日（五月五日）国王は、閣臣たちに艾虎《がいこ》を頒賜する。艾虎は、小稈を用いて造花を纓束（つかねる）してつくる。それがあたかも、なよなよとして蓼《たで》の花穂の如くである。

『歳時雑記』に、「艾《よもぎ》をもって虎形をつくり、あるいは綵《あや》を剪って小虎をつくる。これに艾の葉をつけて頭に挿す」と書いているが、わが国の制度もこれに由来するものであろう。

端午扇

工曹ではこの日、端午扇をつくって国王に進上する。国王はこれを、宮中の宰臣や侍従たちに頒賜する。扇子のもっとも大きいものは、白矢のような竹の骨が四十ないし五十本におよぶ。これを白貼扇という。また漆塗りの扇子は、これを漆貼扇という。

* 工曹　李朝政府の六曹（一五頁参照）の一つで、山沢、工匠、営繕などを管掌する官庁。

これをいただいた者は、多くのばあい、それに金剛山一万二千峯を画く。あるいは倡優（歌舞をする俳優）や巫女が、このような扇子をもつばあいもある。最近の風俗では、扇子に柳枝、桃花、芙蓉、胡蝶、銀鯽《ぎんぶな》、鷺鷥《さぎ》などを好んで画く。

かんがうるに、『戒庵謾筆』には、「端午の日に国王は、京官たちに宮扇を賜わるが、その扇子には竹の骨に紙を貼って鳥獣を画き、五色の布帛をもってそれを纒いめぐらした」と書いている。これすなわち艾虎である。

湖南および嶺南地方の監司（地方長官）および統制使（軍司令官）は、節扇（名節の日に贈る扇子）を国王に進上し、また常例にしたがって、朝臣や友人たちにも贈る。扇子の名産地として知られている地方の守令たちも、国王に進上もし、

端午扇（南啓宇筆）

朝臣や友人に贈与もする。名扇の産地としては、全州、南平（いずれも全羅道）がもっとも著名である。

扇子はその形状や材料や製法が多様である。僧頭扇、魚頭扇、蛇頭扇、合竹扇、斑竹扇、外角扇、内角扇、三台扇、二台扇、竹節扇、丹木扇、彩角扇、素角扇、広辺扇、狭辺扇、有環扇、無環扇などがそうである。

また色彩も、五色（青、黄、赤、白、黒）をはじめ紫色、緑色、鴉青色、雲暗色、石磷色など多様である。

しかし一般的には、白色か黒色かの二色、黄漆か黒漆かの漆貼扇が好まれている。また青い扇子は新郎（花婿）が、白い扇子は喪中の人が用い、色物の扇子は婦女や子どもたちが用いる。

団扇《うちわ》にも五色のものがあり、または五色を交互にまぜて斑《まだら》に貼ったものもある。その形状によって桐葉団扇、蓮葉団扇、蓮花団扇、蕉葉団扇など多様である。油を引いた団扇、黄色または黒色の漆を塗った団扇は、男たちが家で涼をとるとき使い、色団扇は婦女や子どもたちが使う。

色紙を貼り、竹骨の幅が濶大なものを輪扇という。これには柄があり、それをひらけば、あたかも傘の如くである。子どもたちは外出のとき、陽光をさえぎるのに、これを用いる。柄の長い大団扇は、寝るとき、蠅や蚊を追いはらう道具として用いる。

斑竹の皮や色物の絹紗をもってつくり、真珠を飾ったものは、新婦（花嫁）が顔をかくすために用いる。また芭蕉の葉形にならってつくった大きい団扇は、大臣たちが儀飾のために用いる。このほかにも、市中で売る扇子または団扇には、精巧なもの、素朴なものなど、その作り方が一様ではない。

中国の人は、高麗人は冬にも扇を手からはなさないと、誌している。

天中赤符

観象監では、朱色で天中節（端午）の赤符を書き、宮中に進上する。宮中ではそれを門楣に貼り、不吉な災厄を追い払うのである。士大夫の家でも同様である。その文はつぎのようになっている。

「五月五日の天中節に、上では天禄を得、下では地福を得る。蚩尤《しゆう》＊の神は銅の頭、鉄の額、赤い口、赤い舌をしている。四百四病がただちに消え失せなければ、律によって罰を加えるであろう」（五月五日、天中之佳節、上得天禄、下得地福、蚩尤之神、銅頭鉄額、赤口赤舌、四百四病一時消滅、急急如律令）。

＊蚩尤　古代中国の伝説上の武将で、武神として崇拝されている。

かんがうるに、漢の制度に、桃印をもって悪気を止めるならわしがあり、『抱朴子』＊も赤霊符をつくった。これはいずれも端午の旧制である。いまの符制も、けだしこれから出たものである。

＊『抱朴子』　中国晋代の人葛洪の著書。

醍醐湯・玉枢丹

内医院（宮中の医薬を掌る官署）では醍醐《だいご》湯《とう》（一種の清涼剤）をつくって国王に進上する。また玉枢丹《ぎょくすうたん》（一種の救急薬）をつくってそれに金箔を塗り、国王に進上する。国王はそれを五色の糸をもって連ね、佩帯し厄払いする。またそれを、近臣たちにもわけあたえる。

『風俗通』によれば、「五月五日、五色の絹糸をもって臂につなぐのは、悪鬼と兵乱を防ぐためのものである。これを長命縷とも、または続命縷とも、辟兵繒ともいう」と書いている。玉枢丹を佩帯するいまの風俗は、これに似たものである。

＊『風俗通』『風俗通義』の略称で、中国後漢の応劭の著作。

菖蒲湯・菖蒲簪

男女や子どもたちは、菖蒲湯をつくって顔を洗う。そして紅緑の晴着を着る。また菖蒲の根をもって簪《かんざし》をつくり、あるいは「寿福」の字を刻み、その先端に赤い臙脂《えんじ》（むかし頬紅として使った化粧品）を塗り、あまねく頭髪に挿す。もって厄払いとする。これを端午《タンオ》粧《チャング》という。

『大戴礼』＊によれば、「五月五日に蓄蘭をもって沐浴す」と書いており、また『歳時雑記』には、「端午の日に菖蒲と艾を刻んで小人形または葫蘆《ころ》（ふくべ）形をつくり、これを佩帯するのは、邪を防ぐためである」と書いている。

＊『大戴礼』　中国漢代の載徳が、『礼記』を新編した著作。

『宛署雑記』によれば、「燕都（北京）では、五月一日から五日まで、閨中の小女たちが着飾って妍《けん》（うつくしさ）を極め、嫁《とつ》いだ女たちも里帰りをする。この日を女児節という所以である」と書いている。わが国の風俗はこのような中国の風俗に似ており、婦女たちの化粧も、中国のそれにならったものであろう。

鞦韆

民間では男女が、さかんに鞦韆戯《ぶらんこ》（그네뛰기《クネティキ》）をおこなう。寒食の日に鞦韆をなかんがうるに、『古今芸術図』には、「北方の戎狄族が、寒食の日に鞦韆をなし、身軽に動くことを習う。それがのちに中国の女子たちの学ぶところとなった」と書いており、また『天宝遺事』には、「宮中では寒食節に、鞦韆をつくって競技したが、これを半仙戯といった」と書いている。いまの風俗では、寒食の日の鞦韆戯が、端午の日にかわったのである。

角力

青壮年や少年たちは、端午の日にソウル南山の倭場や、北岳の神武門にあつまって、角力戯《すもう》（씨름《ツイルㇺ》）をおこない、勝負を賭ける。

その方法は、両方がたがいに向かいあってしゃがみ、それぞれ右手をもって相手の腰の紐をつかみ、左手をもって相手の右股にかけた紐をつかむ。両方が一時に起ちあがりながら、相手を持ちあげて組み伏す。倒れて組み伏された者が負けとなる。

角力（相撲）には内局（内かけ）、外局（外かけ）、輪起（背負いなげ）など、いろいろな技がある。とくに力が強く、手がすばしこく、連戦して連勝する者を都結局という。

脚戯（相撲）図（金弘道筆）

中国でもこれにならって角力がおこなわれるが、これを高麗技《こうらいぎ》または撩跤《りょうこう》という。

角力戯は端午の日にとくにさかんで、都鄙を問わず多くおこなわれる。かんがうるに、『礼記』の月令には、「孟冬の月に将師に命じて、武芸を講じ、射術や騎馬術を習いて、力を角す（くらぶ）」と書いている。いまの角戯がすなわちこれである。

また張平子*の『西京賦』には、「角觝《かくてい》の妙戯は、漢の時代にもあった」と書いているが、これも角戯に類するものであろう。

＊張平子　中国後漢の人で、名は衡、平子は字である。五経六芸に通じ、『西京賦』は、十年の歳月をかけて完成したといわれる。また天文暦算をよくし、渾天儀および候風地動儀などを製作した。

戌衣日

端午を俗に戌衣日（수리날《スリナル》）ともいう。戌衣（수리《スリ》）の語音は、朝鮮の車（수레《スレ》）に通じる。

この日には、艾《よもぎ》の葉を摘んで茹で、それを粳米《うるち》の粉に入れて搗《つ》き、緑色にな

るようにする。これをもって車輪の形の餅をつくり（수레떡《スレトック》）、これを食べるので戌衣日という。餅商たちは、時食としてこれを売る。

『本草』*には、「千年艾を、中国人は狗舌草と呼ぶ」と書いている。

* 『本草』『本草綱目』の略称で、中国明代の人李時珍の著書。生物学および薬物学にかんする百科全書的内容をそなえている。

葉の裏が白い艾の葉は、これを陽にかわかしてよく揉み、火絨《かじゅう》（火打ち石から発する火を移す燃焼材）にするが、これを戌衣草という。

かんがうるに、武珪の『燕北雑志』には、「遼の風俗として、五月五日、渤海の厨子（調理士）が艾の餅を進上する」と書いているが、わが国の風俗もこれに似たものである。

採薬草

端午の日の正午に、益母草《めはじき》と豨薟《こめなもみ》を採集して乾かし、薬用に供する。

嫁棗樹

また棗の樹を嫁する（嫁樹について五〇頁参照）。

かんがうるに、『花暦新栽』のなかで「棗の樹を嫁するには端午の正午がよい。また端午の日の明け方に、斧をもって諸果木の枝を下せば、結実が多い」と書いている。いまの風俗は、これに始まる。

石　戦

金海（慶尚道）の風俗に、四月八日から子どもが群集し、城南で石戦を習う。端午の日にいたって、青壮年たちが集まりおわると左右に分かれ、旗をたて鼓を打ち鳴らし、雄叫びをあげながら勇躍して、雨あられと投石する。勝負がきまってから投石を止めるが、たとえ死傷者があっても後悔せず、地方の守令といえども、これを禁止することはできない（『東国輿地勝覧』を見よ）。

金山（慶尚道）の風俗に、少年たちが直指寺に群集して角力戯をおこなう。遠近から力士たちがあつまってきて勝負を賭けるが、その消息を聞いて観戦にくるものが、数百、数千に達する。この行事は毎年の常例となっている。

三将軍祭

軍威（慶尚道）の風俗に、孝霊の西岳に金庾信《ゆしん》祠堂＊があって、俗に三将軍堂といっている。毎年端午の日には、県の首吏が邑民たちをひきつれ、駅馬に乗って旗をたて、鼓を打ちながら、神を迎えて村巷《むら》をまわる。

＊金庾信　紀元六六〇年代のとき、新羅による百済と高句麗の統一において、また新羅統一後においては新羅の領域から唐軍を撤退させるための反唐闘争において功労のあった将軍であり、政治家である。

烏金簪祭

三渉（江原道）の風俗に、邑民たちが烏金《うきん》（鉄又は赤銅の異名）の簪《かんざし》を小函に入れ、官衙の東隅の樹の下に埋蔵しておく。そして毎年端午の日がくれば、吏人がこれを取りだして祭祀をおこなう。

伝うるところによれば、烏金の簪は、高麗の太祖のときからの物というが、それを祭る理由はつまびらかでないまま、それが常例となってしまった。官庁でもそれを禁止しない〔『東国輿地勝覧』を見よ〕。

霜陰神祭

安辺（咸鏡道）の風俗に、霜陰神祠がある。民間で伝わるところによれば、宣威大王の夫人を奉安しているという。毎年端午の日には、宣威大王を迎えて、いっしょにこれを祭る〔『東国輿地勝覧』を見よ〕。

月内雑事

太宗雨

五月十日は、太宗（李朝第三代王、在位一四〇一―一四一八）の祭日にあたる。毎年この日には、必ず雨が降る。これを太宗雨という。

太宗が臨終のとき、世宗（在位一四一九―一四五〇）に教えて曰く、「旱魃の災害が甚しい。余が死してもし霊魂あらば、必ずこの日に雨を降らすだろう」と。後に果してそのようになった。

薦大小麦・苽子

国王は大麦、小麦、苽子《まこも》を太廟にお供えする。士大夫の家でも、また同様である。

『礼記』の月令によれば、「孟夏の月に、農民が麦を進上すれば、国王はそれを試食するまえに宗廟にお供えする」とみえており、また崔寔の『月令』には、「初伏に麦と苽を祖先にお供えする」と書いている。わが国の制度もまた同じである。

沈　醤

ソウルの風俗には、五月に豆を煮て塩をふりかけ、甕に沈醤（醤油と味噌を仕込む）し、冬を越すための計となす。辛日（十干の第八番目）は、すべてに忌日とされており、沈醤のばあいもこの日だけは避ける。

（補足）農楽《ノングアック》踊りは、五月から六月にかけての農繁期に、農作業と結びついた集団的な円舞形式で農村で盛んにおこなわれる。つまり農作業助け合い協同作業班（プマシまたはデウレという）が、早朝田野に出るとき、一つの田圃から他の田圃へうつるとき、一日の作業がおわったときなど、「農者天下之大本」と書いた農旗をかかげ、鉦を合図に、各種の楽器をはやしたて、農夫歌をうたい、数十人が円陣を張り、または列をなして律動的に踊りまくる。これはほぼ水田の除草がおわる七月中旬の洗鋤の宴までつづく。名節や農閑期にもおこなわれる。

農繁期の農楽踊り

六　月

流　頭

流頭宴

わが国の風俗で、六月十五日を流頭日という。

かんがうるに、『金克己集』*に、「東都（慶州）に伝わる風俗に、六月十五日には東に流れる清流で髪を洗い、不吉なことをはらい除く。またそのための酒宴をはる。これを流頭宴という」と書いている。李朝になってもこれをうけついで民間の名節となった。慶州になおこの風俗が残っている。

* 『金克己集』　金克己は高麗時代の学者で、その文集である。

水団・乾団

粳米の粉を蒸してよく捏《こ》ね、それを搗いて長い餅をつくる。それを小さく切

水辺に戯れる婦女たち（申潤福筆）

って珠《たま》のような団子にし、蜂蜜をといた水に浸し、氷で冷やして食べる。また祭祀のときの供え物にもつかう。これを水団という。

乾団は、水団のように水に浸さないからこのように名づける。つまり一種の冷餉《れいとう》である。あるいは糯米の粉でつくるばあいもある。

かんがうるに、『天宝遺事』には、「宮中では毎年の端午節に、粉団《だんご》と角黍*をつくり、金盤のうえにそれを盛り、小角弓に箭を架してこれを射る。そして粉団をあてたものが、それを食べる」と書いている。

角黍　菰子《まこも》の葉に黍《きび》米の粉を包んで蒸した餅。つまり一種の粽《ちまき》である。粽の由来は、中国の屈原が五月五日、汨羅《べきら》で水死した。その姉は粽をつくって川に投じ、蛟竜を祀ることによって屈原の死体を食い荒らされないようにしたという伝説がある。

また『歳時雑記』には、「端午の日に水団をつくる。またの名を白団ともいう。そのもっとも精巧なものを滴粉団という」と書いている。張文潜*の詩のなかには、「水団を氷に浸し、砂糖で包む」（水団氷浸　砂糖裹）という句がみえている。

* 張文潜　中国宋代の詩人で、字が文潜、名は耒である。

昔の人たちが、角黍という粽をつくって、端午節の贈り物にしたのは、これに類似したことである。ただその形において、方形と円形の差がある。いまの風俗では、端午の日の行事が、流頭日にかわったのである。

霜花餅・連餅

小麦粉をよく捏ねて、豆、荏《ごま》、蜂蜜を混ぜ合わせた餡を包み、蒸しあげたものを、霜花餅という。

また碾《ひきうす》にかけた小麦粉をよく捏ねて油炒めにし、菰の餡か、豆、荏、蜂蜜を混ぜた餡を包み、先の方をつぼめていろいろな形につくる。これを連餅という。また葉形の皺をつくり、菰の餡を包み、蒸籠でよく蒸し、醋醤につけて食べる。

これらはいずれも流頭日の時食であり、祭祀にもお供えする。

陸放翁の詩に、「盤を拭き、連展を盛る」(拭盤堆連展)という句があるが、その註に、淮の人たちは小麦粉餅を連展という、と書いている。これに似たものである。

流頭麯

小麦粉を用いて珠のような形の麯《こうぢ》をつくる。名づけて流頭麯という。これを五色に染め、三枚をつらねて糸をとおし、佩帯するか、門楣にかけて厄払いとする。

三伏

狗醤

狗肉を煮てそれに葱を和し、再びよく煮る。名づけて狗《ケ》醤《チャング》という。これに鶏肉や竹筍をいれれば、さらに味がよくなる。

狗醤に胡椒をふりかけ、白飯を入れたのを時食として食べる。このようにして発汗すれば、暑気を退け、虚弱を補強するのに効き目がある。だから市中でも、これが多く売られる。*

＊ この狗醤のほかに、夏まけを防ぐ補強食として、鶏参湯《ケサムタング》が愛用される。これは、若い丸鶏の腹を割いて、そこに人参、糯米少量、棗四、五個を入れて炊き、そのお汁を服用するものである。

『史記』＊に「秦の徳公二年に、初めて伏祠を作り、四門に狗を磔《はりつけ》にして虫災をふせいだ」と書いている。伏日に狗を磔にするのは、昔の行事である。今の風俗では、三伏（初伏、中伏、末伏）の佳い時食となっている。

＊『史記』　中国漢代の司馬遷が書いた古代中国の歴史書。

伏粥

赤小豆のお粥をたいて、三伏の時食とする。

月内雑事

薦穀

宮中では稗、黍、粟、稲を太廟に供える。

『礼記』の月令には、「仲夏の月に農民が黍米を進上すれば、天子はそれを試食するまえに宗廟に供える。また初秋の月に、農民が新穀を進上すれば、天子はこれを試食するまえに宗廟に供える」と書いている。わが国の制度もまた同じである。

頒氷

この月に、各官庁に氷をわけあたえる。各官庁は木牌をもらって、氷庫でこれを受けとるようになっている。

夏月時食

小麦粉でつくった麺に、青瓜、鶏肉をいれて調理し、白麻子湯をかけて食べる。また甘藿《わかめ》汁を用いて鶏肉を調味し、麺と水煮《た》きにして食べる。

南瓜と猪肉とをいっしょにし、これに切った白餅をいれて炊《た》くか、あるいは干物にした鮸《にべ》の頭をいれて煮る。または小麦粉にきざんだ南瓜をいれて捏ね、油炒めにする。これらはいずれも、夏の時食として、小ざっぱりした飲食物である。

甜瓜と西瓜は、暑気をいやすものとして好まれる。

ソウル東部市場の野菜と果物、南大門外の七牌市場の鮮魚は、この月にもっ

樹下濯足図（李慶胤筆）

とも活況を呈す。

濯　足

ソウル郊外の天然亭の蓮花、三清洞、蕩春台、貞陵の水石は、酒をくみかわしながら詩を賦す風流客でにぎわう。河朔の避暑飲*にならったものである。

* 河朔之飲　河朔とは中国河北地方のこと。後漢末に、劉松が袁紹の子弟たちと、河朔で三伏の日に痛飲して、暑を避けたという故事。

ソウルの風俗に、南山と北岳の渓谷で、濯足の遊びをなす。

陥城祓除

晋州（慶尚道）の風俗に、この月末に士女たちが江辺にあつまって、陥城の祓《はらい》をする。これに遠近からあつまってくる者、市《いち》をなす。けだし昔の倭乱（豊臣秀吉の侵略）のとき、この日に晋州城が陥落したからである。毎年これが常例となっている。

七月

七夕

曬衣裳

七月七日、家々では衣裳を陽にさらして虫干しする。これは古くからの風俗である。*

若干の補足をすれば、七月七日は梅雨のあがる頃で、家々では衣裳の虫干しをするとともに、学者たちは家蔵本の虫干しをおこなう。これを「曬書曝衣」という。なお七夕は、牽牛と織女が天の川を渡って、年にいちど逢う日とされているが、娘たちは、牽牛、織女の二星を拝んで、裁縫が上手になるように祈る。

百種日

中元

七月十五日（中元）は、わが国の風俗で百種日という。僧徒はこの日、斎《とき》を設けて仏を供養し、大名節となす。

かんがうるに、『荊楚歳時記』には、「中元の日には、僧尼、道俗を問わずことごとく盆を営み、諸寺院で供養をする」と書いており、『盂蘭盆経』《うらぼん》*では、「目《もく》連比丘《れんびく》（男僧）が五味百果を盆に供え、十方大徳を供養した」と書いている。

＊『盂蘭盆経』　盂蘭盆の由来と修法を記した仏経。盂蘭盆は冥土にある死者の苦を救うことで、釈迦の弟子目連が、百種の供物を三宝に供え、なくなった母の倒懸の苦を救ったという。

いまいうところの百種日は、おそらく百果を指したものであろう。

高麗時代には崇仏の風が盛んで、毎年この日には盂蘭盆会がおこなわれた。いまの風俗で斎を設けるのは、この遺習である。

亡魂日

わが国の風俗に、中元をもって亡魂日となす。けだし一般の民家では、蔬果や酒飯をととのえて、亡き親の霊魂を招くのである。

東岳李安訥の詩に、「市廛《みせ》に蔬果があり余るほどあると思ったら、ソウルの到る処で亡魂祭に供えるのか」(記得市廛蔬果賤　都人随処薦亡魂)という句がみえている。

十五日

湖西地方の風俗に、七月十五日、老幼がそろって市外に出て、飲食して楽しむ。また角力戯《すもう》もおこなわれる〔『東国輿地勝覧』を見よ〕。

月内雑事

薦早稲

士大夫の家では、早生の稲を家廟に供える。多くのばあい、朔日《ついたち》(一日)か望《もち》日(十五日)にこれをおこなう。

八月

秋夕　嘉俳

八月十五日は、わが国の風俗で秋夕（추석《チュソック》）または嘉俳日（가윗날《カウイナル》）ともいう。これは新羅時代からの風俗である。

地方の農村では、秋夕を一年のうちのもっとも重要な名節とする。新穀がすでにみのり、すべての秋収が遠くないからである。この日は、四隣のものが鶏肉や白酒を大いに飲んで、一日を楽しむ。*

* 全羅南道西南部沿岸地方では、月夜の浜辺に乙女たちが数十人ずつ輪をつくり、そのまん中のリーダーによる緩急自在な音頭に合わせて「強羌水越来《カンカンスオルレ》」と唱和しながら踊る円舞がある。「強羌水越来」は、強敵が海をわたって攻めて

八月十五夜のカンカンスオルレ踊り

来たという意味で、豊臣秀吉の朝鮮侵略のとき、李舜臣将軍は全羅道近海で日本水軍を打ち破った。そのとき朝鮮水軍の士気を鼓舞するためにおこなった行事が、その後この地方に伝承されてきたものである。

慶州の風俗に、新羅の儒理王（在位紀元二四—五六）のとき、慶州六部*を二組に分け、王女二人がそれぞれの部内の婦女たちをひきいて、秋の七月十五日から大部の庭に集まり、麻紡《つむ》ぎの競争をした（共同績麻《テウレサム》という）。

＊ 慶州六部　新羅の初期、慶州を中心とした斯盧族は、六部に分かれていた。及梁部、沙梁部、本彼部、漸梁部、漢祈部、習比部がそれである。

それは毎日早朝からはじまり、乙夜*にいたって止めるが、八月十五日には、麻紡ぎの多少をもってその成績を考査し、負けた組は酒食をととのえて、勝った組をもてなした。この宴席では歌舞百戯がおこなわれるが、これを嘉俳《カベ》といった。

＊ 乙夜　夜の二更のこと。更の本来の意味は、夜警するものの更替の時間のこと

で、夜の初更はほぼ今の午後八時、二更は十時、三更は十二時、四更は二時、五更は四時頃とみて差支えない。

会蘇曲

このとき負けた方のある女性がたちあがって、踊りを舞いながら、「会蘇《フェソ》！会蘇《フェソ》！」とうたった。その声がもの哀しく、幽雅だったので、後に人びとは、その声により歌曲をつくった。これが会蘇曲である。わが国の風俗として、いまに至るもこれがおこなわれている〔『東国輿地勝覧』を見よ〕。

照里戯

済州島の風俗に、毎年八月十五日には、男女があつまって歌舞をおこない、また左右二隊にわかれて、大きな索《つな》を両端から曳いて、勝負をきめた。索が中間から切れて、そのはずみに両方の隊員が地面にたおれると、観覧していた者たちは大いに笑った。これが照里戯である。またこの日は、鞦韆や捕鶏などをして戯れた〔『東国輿地勝覧』を見よ〕。

月内雑事

角　力

湖西地方では、八月十六日に、角力戯（씨름《シイルム》）がおこなわれ、人びとは酒食をととのえてそれを楽しむ。けだしこの時節は、忙しい農事が一段落して、休息するための行事である。毎年これがおこなわれる。

秋節時食

酒商たちは、新米をもって酒をつくる。餅商たちも、早生の新米をもって松餅（송편《ソングピョン》）をつくり、またいだこんや南瓜を入れた甑餅《こしきもち》（시루떡《シルトック》）をつくる。

引　餅

糯《もち》米の粉を蒸して餅を搗き、それに煮た黒豆、黄豆、胡麻の粉をふりかけてまぶす。名づけて引餅（인절미《インチョルミ》）といい、売る。これは昔の粢《し》餻《こう》、漢代の麻餅のようなものである。

栗団子

糯米の粉を蒸して卵のような団子餅をつくり、煮た栗の実と蜂蜜をこれに付ける。名づけて栗団子という。

かんがうるに、『歳時雑記』には、「二社日（春社日と秋社日）と重陽（九月九日）に、栗をもって餅をつくる」と書いている。おそらく今の風俗は、これにはじまったものであろう。

また土蓮《さといも》団子もあるが、そのつくり方は栗団子と同じい。

これらはいずれも、秋節の時食である。

九月

九日

菊花煎

黄菊の花を採って、糯米の餅をつくる。それは、あたかも、三月三日に杜鵑《つつじ》の花を採って餅をつくるのと同じである（七五頁参照）。これを菊花煎《クッホァチョン》という。

かんがうるに、『西京雑記』に、「漢の武帝のとき、宮人賈佩蘭が、九月九日に餌を食べた」と書いている。「餌」は方言で、「餻」（こなもち）の意味である。また孟元老*の『東京夢華録』には、「都の人たちは重九（九月九日）に、粉餅をつくってたがいに贈り物にした」と書いている。

* 孟元老　中国宋代の人で、『東京夢華録』は、北宋が金の侵略をうけて南宋に移ったとき、北宋の首都汴京（河南省開封）を回顧しながら、その風物を記録し

遊賞地の一つ南漢山城

た著書である。

今の菊花煎は、おそらくこれに由来するものであろう。

花菜

こまかく刻んだ梨、柚子《ゆず》と、石榴《ざくろ》、松の実を、蜂蜜をといた水に入れた飲料を、花菜《ホアチエ》という。これは菊花煎とともにこの時節の時食となり、祭祀にも供える。

登山

ソウルの風俗に、南山や北岳に登って飲食しながら楽しむ。けだしこれは、中国における登高*の古俗を踏襲したものであろう。

* 登高　九月九日に高い山に登って、厄払いした故事。

ソウル近辺では、清楓渓、後凋堂、南漢山、北漢山、道峯山、水落山などが、賞楓の景勝地として知られている。

十月

午日

馬田

午の日（十二支の第七番目）は、俗にいう馬の日である。赤小豆をしいた甑餅をつくって廐《うまや》に供え、神に馬の健康を祈る。

しかし丙午の日だけは、これを避ける。なぜなら、丙（병《ビヨング》）と病（병《ビヨング》）は、朝鮮語音が似ているから、馬の病気を忌みて避けるのである。戊午の日が、もっともよいとされている。

月内雑事

造牛乳酪

内医院では、十月朔日《ついたち》から正月にいたるまで、牛乳酪をつくって国王に進上する。また耆老所*でもこれをつくって、もろもろの耆臣（耆老所で世話している老臣）たちに供用する。正月十五日にいたって止める。

* 耆老所　年老いて隠退した国王や、七十歳をこえた正二品以上の文臣たちの老後生活を世話する一種の養老院。

上月

民間では、十月を上月《サングタル》とし、巫を招いて成造神を迎えいれ、餅や果物を供えて、一家の安泰を祈る。

孫石風

十月二十日には、毎年嵐が吹いて急に寒くなる。これを孫石風（손돌바람《ソンドルバラム》）という。

高麗時代に、ある王様が、海路から江華島に渡ろうとした。船頭は孫石という人であったが、あやまって船を難所に乗り入れた。王様はかれをうたがってこれを斬らせ、危くその難所から脱出した。それからこの難所を、孫石項（손돌《ソンドル》목《モック》）というようになった。

舞楽図（金弘道筆）

孫石が斬られた十月二十日には、かれの怨念がたたって、嵐になるということである。

煖炉会

ソウルの風俗に、火鉢に炭火をおこし、焼き網をのせる。胡麻油、醤油、鶏卵、葱、蒜《にんにく》、とうがらし粉などで牛肉を調味し、火鉢をかこんで焼きながら食べる。これを煖炉《だんろ》会という。

この月からはじまる煖炉会は、寒さにうちかつための時食となるが、昔の煖暖会はこれのことである。

神仙炉

牛肉かまたは豚肉に、蕪菁《かぶら》、瓜、葷菜《くんさい》（葱、蒜など）、鶏卵などを入れて寄せ鍋にしたものを悦口子《ヨルコジャ》、または神仙炉《シンソンロ》という。

かんがうるに、『歳時雑記』には、「京の人たちは十月一日、酒をふるまい、火鉢で肉を焼きながら団欒するのを煖炉という」と書いており、また『東京夢華録』には、「十月一日官庁では、煖炉につかう炭を宮中に進上し、民間では酒をととのえて煖炉会をおこなう」と書いている。今の風俗もまた同様である。

神仙爐（右上方のなべ）、水正果（左上）、九節板（左下）、冬沈（右下）

饅頭

蕎麦《そば》の粉をもって饅頭をつくり、蔬菜、葱、鶏肉、豚肉、牛肉、豆腐などを包んで餡となし、おつゆで煮《た》いて食べる。また小麦粉をもって三稜形につくった饅頭を、卞《べん》氏饅頭という。おそらく卞氏という人が始めたからこのように名づけられたのであろう。

かんがうるに、『事物記原』*によれば、「諸葛公が孟獲を征伐するとき、ある人がいうのに、蛮俗としては必ず、人を殺し、その首を供えれば、神はこれを享《う》けて陰兵を出す、と。公はこれに従わずして、羊肉と豚肉を混ぜて小麦粉で包み、人頭のような形にして供えたところ、神はこれを享けたので出兵した」と書いている。

* 『事物記原』　中国宋代の高承という人の著書。

後世の人たちは、この故事によって饅頭といい、また蒸籠《せいろう》に入れて蒸すので蒸餅、あるいは籠餅ともいう。唐のときの侯思止は、これを食べるとき、必ず葱をこまかく刻んで肉を入れさせた。これがいまの饅頭である。

また粳餅饅頭、雉肉饅頭、葅菜（김치《キムチ》）饅頭などがあるが、なかでも葅菜饅頭

が、もっとも小ざっぱりした時食である。

だから饅頭の起源は諸葛公からはじまり、いまでは膳立てのとき、なくてはならない佳品となっている。

軟泡

豆腐を薄く切って串に挿し、油で炒める。それに鶏肉を入れてつくった羹《あつもの》を軟泡という。泡は豆腐のことであり、淮南王*からはじまる。

＊淮南王　中国漢の高祖の孫にあたる劉安のこと。封爵して淮南王となった。

かんがうるに、陸放翁の詩に、「鼎《かなえ》を洗って黎祈を煮る」（洗甋煮黎祈）という句があり、その註には、蜀の人たちは豆腐を黎祈といった、と書いている。いまの軟泡はこれのことである。

艾湯・艾団子

冬艾の嫩葉《わかば》を摘んできて、これに牛肉、鶏卵をいれてつくった羹《あつもの》を艾湯という。
また冬艾の嫩葉を糯米《もち》の粉に入れて搗き、団子にしたものを蜂蜜につけ、炒豆の粉をまぶして粘着させたものを艾団子という。

蜜団餻

冬艾を入れないで、ただ糯米の粉でつくった団子を、蜂蜜につけ、炒豆の粉をまぶして粘着させ、紅色をだしたものを蜜団餻という。

これらはいずれも、初冬の時食である。

乾飣

糯米の粉に酒を入れてよく捏ね、大小の切片にして晒して乾燥させる。これを油揚げにすれば、繭《まゆ》のように醱酵してふくれあがり、中は空洞になる。それに炒った白胡麻、黒胡麻、黄豆、青豆などの粉を、水飴で粘着させる。これを乾飣《カンチョング》という。

かんがうるに、藍田呂氏*の家品名に出てくる「元陽繭」というのが、おそらくこれのことであろう。

また『餅餌閒談』には、「䭂《すい》餅は、豆粉と砂糖をまぶしてこれをつくる。また胡麻をまぶしたものを、名づけて胡麻餅という」と書いている。

* 藍田呂氏　中国宋代の呂大臨のこと。程明道および程伊川の高弟である。藍田

呂氏というのは、かれが陝西省藍田の出身であるからである。

これらはいずれも同じ類のものであって、この月からの時食となり、市中でも多く売られる。

乾飣には、五色乾飣があり、また松の実を粘着させるか、その粉をまぶした松子乾飣がある。さらに糯米を炒って花のようにはじけたものを水飴で粘着させた梅花乾飣があり、紅色や白色の乾飣などもある。

乾飣は、この月から元旦および春節にいたるまで、民間では祭祀の供え物として、果物とともに欠かせないものであり、正月には賀客をもてなすための膳立てに、なくてはならない食物である。

沈菹

ソウルの風俗として、蔓菁《だいこん》、白菜、蒜《にんにく》、とうがらし、塩などをもって、陶製の甕に菹《つけもの》（김치《キムチ》）を漬ける。

夏の沈醬（一一一頁参照）と冬の沈菹は、民間における一年の大計である。

大自在天王

報恩（忠清道）の風俗として、俗離山頂に大自在天王を祀る祠堂がある。この

キムチを漬ける風景

神が毎年の十月寅日に、法住寺に降りてくるといわれる。山中の人たちは、楽をならして神を迎え、これを祀る。神はここに留まること四十五日にして、元の所にかえるといわれる〔『東国輿地勝覧』を見よ〕。

十一月

冬至

亜歳

冬至《とうじ》の日を亜歳《アセ》*という。

* 亜歳　歳朝に亜《つ》ぐという小正月の意味。つまり、しだいに短くなった日が、この日になって極限に達し、再び回復して長くなりかける境目の日で、いわば「一陽来復」の日である。

この日には赤豆の粥をつくる。これに糯米の粉でつくった鳥の卵状の団子をいれるが、その心《しん》には蜂蜜がはいっている。この赤豆粥は、冬至の日の時食であり、祭祀のときの供え物としても使われる。また豆の汁を門板に灑《そそ》いで厄払いにする。

かんがうるに、『荊楚歳時記』によれば、「共工氏に不才の息子がおり、冬至の日に死んで疫鬼となった。かれは赤小豆を畏れたから、冬至の日に赤小豆の粥をつくって、疫鬼をはらった」となっており、また劉子翬*の『至日詩』には、「豆粥で厄払いする、荊州の風俗あわれなり」（豆糜厭勝　憐荊俗）という句がみえている。今の風俗も、荊州のこのような風俗と同じである。

* 劉子翬　中国宋代の学者で、朱子の恩師にあたる。

頒暦

観象監ではこの日、暦書をつくって国王に進上する。国王はこれを黄粧暦または白粧暦に装丁して文武百官に頒賜するが、それには「同文之宝」という玉璽《じ》がはいっている。各官庁にも同じく頒賜する。

各官庁の吏胥《りしょ》（役人）たちは、平素親しくしている上官にあいさつまわりをする。吏曹の吏属たちは、仕官するある一家の告身（任命証）の書写を専門的に担当するが、任官者が出仕するときには、その吏属に堂参銭をあたえる。吏属はその返礼として、青粧暦一巻を献ずる。

夏扇冬暦

ソウルの風俗として、端午扇（九七頁参照）は官員が吏属にあたえるのにたいし、冬至の暦書は、吏属が官員に献ずるならわしとなっている。これを「夏扇冬暦」という。このような風習は、地方の友人、墓守り、土地管理人にまでおよぶ。

煎薬

内医院では桂心、山椒、砂糖、蜂蜜を生牛皮とともに煮つめて、膏《あぶら》のようにとろっとなるようにする。これを煎薬といって、宮中に進上する。各官庁でもこれをつくって、たがいにわける。

月内雑事

薦青魚

国王はこの月に、宗廟に青魚《にしん》を供える。士大夫の家廟でもこれにならう。かんがうるに、『礼記』の月令に、「冬の季節になれば、天子は魚を試食するまえに、先ず宗廟に供える」と書いている。わが国の制度も同様である。

柑製

青魚の産地としては、統営（慶尚道）と海州（黄海道）がもっとも盛んで、冬と春に宮中に進上する。漁船がこれらの産地から京江（ソウル近辺の漢江沿岸）に着けば、ソウル市中の魚商たちは、声をはりあげて青魚を売り歩く。

また統営では甲生鰒《あわび》や大口魚《たら》がよくとれ、地方官から宮中に進上する。残ったものは、宰臣たちに贈る。

済州牧では、橘《たちばな》、柚子《ゆず》、柑子《みかん》を貢物として国王に進上する。国王はこれを宗廟に供え、宮中の近臣たちにも頒賜する。

昔、耽羅（済州島の昔の呼称）の星主*が、柑子を宮中に献上したとき、これを祝賀して科挙試を設けたものである。李朝になってからもこれを踏襲して、太学や四学（六七頁参照）の儒生たちに、科挙試を実施するとともに、柑子をわけあたえた。この科挙試を柑製という。その方法は節製（四一頁参照）と同じく、最高の成績をおさめた儒生には、賜第（四〇頁参照）の資格をあたえた。

* 星主　耽羅国が新羅王朝に朝貢したとき、その支配者にあたえた称号。李朝時代にも、済州牧使の別称として使われた。

竜　耕

湖西地方の洪州にある合徳池では、毎年の冬に竜耕という異変がおこる。竜が耕したといわれる氷の亀裂が、合徳池の南から北にむかって縦に通れば、その年は豊作となる。それが西から東へ、池のまん中を横に通れば、その年は凶作となる。

また、東西南北から、縦横に不規則な亀裂が生じれば、豊凶が半々だということで、農民たちはその年の豊凶を占う。

嶺南地方の密陽にある南池にも、竜耕という異変が生じて、その年の農事が占われている。

冷　麺

冬の時食として、蕎麦《そば》麺に菁葅（大根漬）や菘葅（白菜漬）を入れ、そのうえに豚肉を和えたものを冷麺《レンミョン》という。

また蕎麦麺に雑菜（五目野菜）、梨、栗、牛肉、豚肉、胡麻油、醬油などをいれて混ぜ合わせたものを、骨董麺《コルトンミョン》という。冷麺は、関西地方のものが、もっとも良い。

かんがうるに、羅浮潁という老人は、「いろいろな食品を混ぜて炊《た》いた羹を、

骨董羹という」と書いているが、「骨董」とは、混ぜ合わせるという意味である。いまの雑麺（비빔면《ヒビムミョン》）は、このようなものである。

中国の江南地方（揚子江以南）では、好んで盤遊飯をつくる。それは鮓（塩辛）、脯（乾肉）、膾（なます）、炙（焼肉）などもろもろのものを飯に混ぜ合わせたもので、これがいわば飯の骨董である。だからこのような食品は、昔からあったのであろう。

冬沈

蔓菁根《だいこん》の小さいものを漬けたのを冬沈（동 치미《トングチミ》）という。

水正果

干柿を煮た汁に、生薑《しょうが》、松の実を和えた飲料を、名づけて水正果《スチョンカ》という。いずれも冬の時食である。

雑菹・醬菹

蝦《えび》の塩辛のうわずみ汁をとり、それに蔓菁、白菜、蒜《にんにく》、生薑、とうがらし、青角《つのまた》（海草の一種）、鰒《あわび》、螺《さざえ》、石花《かき》、石首魚《ぐち》、塩などをつかって漬けた雑菹をつくる。これを陶製の甕に入れ、ひと冬越しで食べれば、辛味があり、食欲をそそる。

また、蔓菁、白菜、芹《せり》、生薑、とうがらしをもって醬菹を漬け、これを食べる。

十二月

臘享

臘

李朝においては、冬至から第三番目の未《ひつじ》の日を臘日と定め、宗廟と社稷で大祭がおこなわれる。

かんがうるに、『芝峯類説』には蔡邕の説を引用して、「青帝は未《ひつじ》の日をもって臘日とし、赤帝は戌《いぬ》の日をもって臘日とし、白帝は丑《うし》の日をもって臘日とし、黒帝は辰《たつ》の日をもって臘日とした。わが国では未《ひつじ》の日をもって臘日としているが、これは東方が木（五行のなかの一つ）に属するからである」と書いている。*

* 青帝は東方の神、赤帝は南方の神、白帝は西方の神、黒帝は北方の神というように、それぞれ方向を示す。

臘薬

内医院では各種の丸剤をつくって国王に進上するが、これを臘薬という。国王はこれを近臣たちにも頒賜する。

各種丸剤のなかで主なものとして、清心丸は食当たり（悶塞）に効き、安神丸は高熱に効き、蘇合丸は暑気による衰弱（癨《かく》）に効く。この三種の丸剤が、もっとも重要なものである。

正祖の庚戌年（一七九〇）に、新薬として衆丹丸と広済丸の二種の丸剤が追加されたが、これは正祖のありがたき睿思によるものであって、蘇合丸に比べてその効力は速かである。正祖はこれを諸営門にも分与して、軍卒の病気の治療につかうようにした。

また耆老所でも臘剤をつくって老臣たちにわけあたえ、各官衙でもこれをつくって分けるようにし、または贈り物にした。

臘肉

臘享には猪や山兎の肉を用いる。*

* 『風俗通』祀典によれば、「臘者猟也、言因猟取獣、以祭祀其先祖也」と書いて

おり、臘は猟に通じる。

京畿道内の山間地方では、昔から住民を動員して、臘享につかう猪狩りをし、これを貢ぎ物として進上させた。

しかし正祖は特命をもってこれを止めさせ、代りにソウル砲手（猟師）をして竜門山や祝霊山などで狩猟させ、その獲物を進上させた。

また黄雀《すずめ》をとって子どもに食べさせれば痘瘡によいというので、民間ではこの日、捕網を張り、あるいははじき弓をつかって雀をとる。またこの日は、雀をとるために銃をつかうことを許している。

臘雪水

臘日に降った雪解け水は薬用につかわれる。またこれに物を浸しておけば、蛀《きくいむし》の害をうけることがない。

除夕

旧歳問安

除夕《おおみそか》には、二品以上の朝官および侍従の臣は、宮中に参内して旧歳問安をおこなう。士大夫の家では、家廟に拝謁する。

拝旧歳

年少者たちは、親戚および姻戚の長老を歴訪する。これを拝旧歳という。夕方から深夜にいたるまで、拝旧歳まわりの提燈の行列が、絶えることがない。

年終砲

宮中では除夕の前日に、大砲を放つ。これを年終砲という。また、火箭を放ち、鑼《どら》や鼓を打ちならすが、これは厄払いのための大儺《たいだ》（おにやらい）の遺制である。

また除夕と元旦に爆竹を鳴らすのは、鬼を驚かすための風習である。かんがうるに、『燕京俗』には、「歳末からの喧噪は、燈節（正月十五日）ののちに止む。これを年鑼鼓という」と書いている。この書物は燕京市内の風俗を記録したものであるが、わが国では、宮中においてだけこれがおこなわれる。

弛牛禁

除夕《おおみそか》の一、二日前から、屠牛禁止を弛める。諸法司（刑曹と漢城府）では、屠牛禁止の牌を回収して、元旦にいたって解除を止める。

これは、ソウル都民が、正月に牛肉を飽食するようにとの配慮によるものである。ばあいによっては、屠牛禁止を解除しないこともある。

守歳

民家では楼、廳（板間）、房（居間）、厨（台所）を問わず、白磁の皿に菜種油を入れて糸撚りの燈心をたて、灯をともす。それは厩舎や溷《かわや》にまでおよぶ。そして家の内外が、白昼のように明るくなる。

除夕には、夜が更けるまで睡らない。これを守歳といい、「守庚申*」の遺俗からきている。

* 「守庚申」 十二月の庚申日に眠らなければ福がある、という「庚申守歳」のこと。

かんがうるに、温革*は『砕瑣録』で、「除夜に神前、仏前および庁堂、房、溷に灯をともして、暁にいたるまで家中を明るくする」と書いており、また『東京夢華録』には、「都の人たちは、除夜にかまどに灯をともす。これを照虚耗という。また士大夫や庶民の家では、炉をかこんで坐ったまま朝にいたるが、これを守歳という」と書いている。

＊温革　中国宋代の人、字は叔皮。

さらに蘇東坡は、蜀のくにの風俗を記したなかで、「酒食をととのえて客を迎えるのが別歳であり、除夜に眠らないのが守歳である」といっている。いまの風俗は、これにならったものである。

俗に伝わるところでは、除夜に睡れば両方の眉が白くなるという。子どもたちは、この話にだまされて眠らない。もし眠る者がいれば、眉に白い粉をつけて目を覚ますようにし、鏡をみせて驚かせ、笑い興じる。

擲柶

赤荊《はぎ》二条を切り取り、これを縦に割って、かまぼこ形のものを四個つくる。これを柶《し》（윷《ユツ》）という。長さ三寸位にする。あるいは豆粒のような小さいものもある。

柶を投げて勝負を賭けるのを柶戯（윷놀이《ユツノリ》）という。柶を投げたときの俯仰によって、四俯のばあいは牟（모《モ》）といい、四仰のばあいは流（윷《ユツ》）という。また三俯一仰のばあいは徒（도《ト》）、二俯二仰のばあいは開（개《ケ》）、一俯三仰のばあいは杰（걸《コル》）という。＊

＊牟、流、徒、開、杰を図で示せば、つぎのようになる。

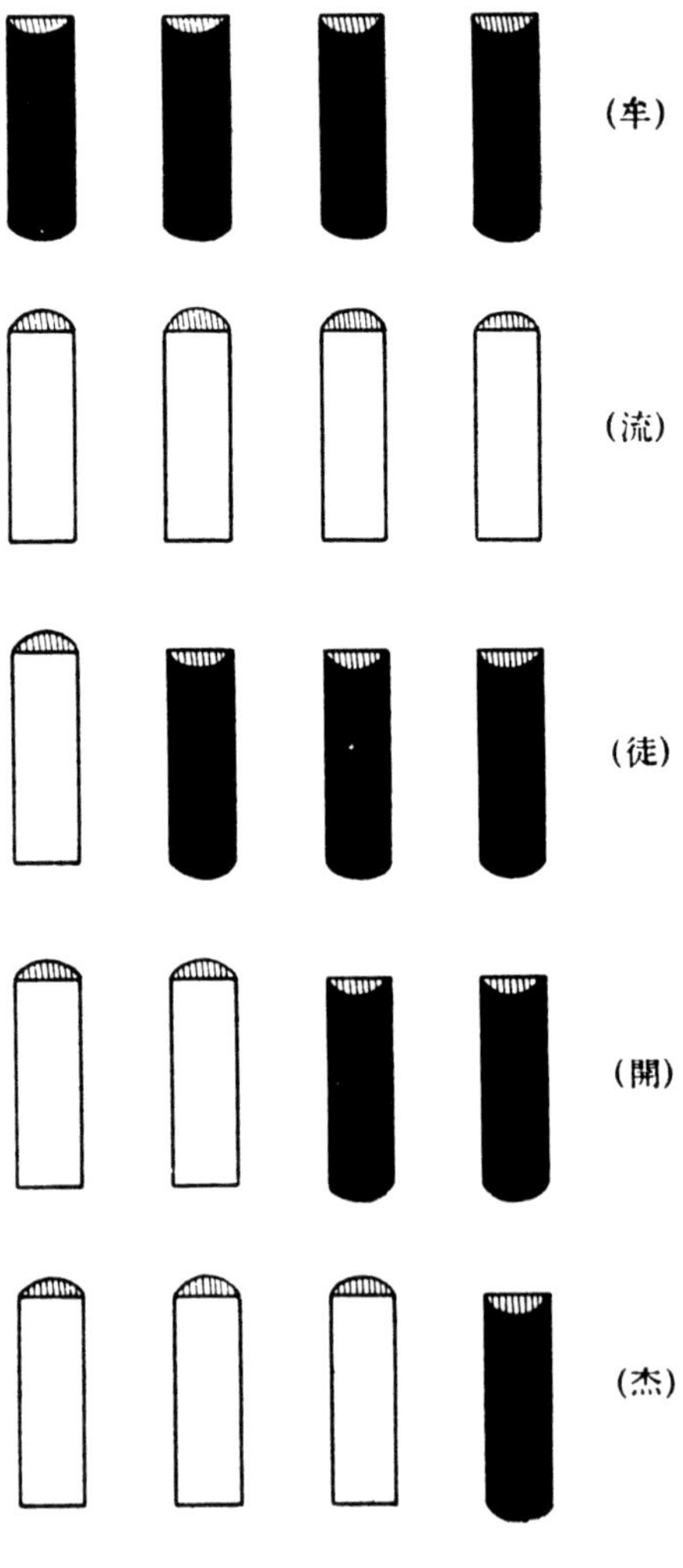

紙に二十九圏を劃し（馬田という）、二人が向かいあってそれぞれ四つの駒を投げる。そしてその俯仰によって、徒のばあいは一圏を進め、開のばあいは二圏を進め、杰のばあいは三圏を進め、流のばあいは四圏を、牟のばあいは五圏

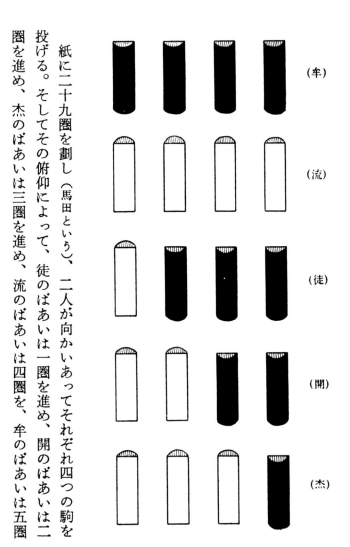

を、それぞれ進める。

馬田には遠回りの道と近道とがあり、馬の進め方にも遅速があって、勝負の賭けがきまる。この遊びは、正月にもっとも盛んである。

かんがうるに、『説文』*によれば、「柶は匕である。とくに四本の木の意味をとって、これを柶という」と書いている。また『芝峯類説』では、「儺戯はすなわち樗蒲《ちょほ》**である」とのべている。柶戯はけっきょく、樗蒲のたぐいである。

* 『説文』『説文解字』の略称で、中国文字学の古典。

** 樗蒲　百済時代にあったさいころ遊び。

柶占

世俗として、除夜と元旦に柶を投げ、それを卦に当てて新年の吉凶を占う。占いの方法は、柶の俯仰にしたがって六十四卦に配し、それぞれの卦にはそれに該当する占辞がある。

だいたい柶を三回投げ、卦の占辞が「児得乳」とか「鼠入倉」とかに該当すれば吉運である。あるいは三回のうち、最初の投げは旧年中におこない、つづいて元旦と上元（正月十五日）にも投げて、その占卦をみるばあいもある。*

＊　六十四卦の占辞はつぎのとおりである（柳得恭『京都雑志』巻之二、歳時、元日の条に拠る）。柶を三回投げ、その俯仰によって、徒・開・杰・牟（流は牟と同じく扱う）のうちのいずれか三つを組み合わせて、占辞を見るようになっている。

徒・徒・徒（乾）……児見慈母（赤児が慈母に遇いたる如し）。
徒・徒・開（履）……鼠入倉中（鼠が倉の中に入りたる如し）。
徒・徒・杰（同人）……昏夜得燭（暗夜にろうそくの火を得たる如し）。
徒・徒・牟（无妄）……蒼蠅遇春（蒼蠅が春を迎えたる如し）。
徒・開・徒（姤）……大水逆流（大水が逆流するが如し）。
徒・開・開（訟）……罪中立功（服罪中に功をたてたる如し）。
徒・開・杰（遯）……飛蛾撲燈（燈火に飛びこむ蛾の如し）。
徒・開・牟（否）……金鉄遇火（金鉄が火に遇いたる如し）。
徒・杰・徒（夬）……鶴失羽翮（鶴が翼を失いたる如し）。
徒・杰・開（兌）……飢者得食（飢えたる者が食を得たる如し）。
徒・杰・杰（革）……竜入大海（竜が大海に入りたる如し）。
徒・杰・牟（随）……亀入筍中（亀が竹林に入りたる如し）。
徒・牟・徒（大過）……樹木無根（根なき樹木の如し）。
徒・牟・開（困）……死者復生（死者が蘇生したる如し）。

徒・牟・杰（咸）……寒者得衣（寒さにふるえたる者が衣を得たる如し）。
徒・牟・牟（萃）……貧人得宝（貧しい者が宝を得たる如し）。
開・徒・徒（大有）……日入雲中（陽が雲にかくれたる如し）。
開・徒・開（睽）……霖天見日（霖雨の後に陽を見る如し）。
開・徒・杰（離）……弓失羽箭（矢のない弓の如し）。
開・徒・牟（噬嗑）……鳥無羽翰（翼のない鳥の如し）。
開・開・徒（鼎）……弱馬駄重（弱い馬が重い荷物を運ぶが如し）。
開・開・開（未済）……鶴登于天（鶴が天に登る如し）。
開・開・杰（旅）……飢鷹得肉（飢えた鷹が肉を得たる如し）。
開・開・牟（晋）……車無両輪（車輪のない車の如し）。
開・杰・徒（大壮）……嬰児得乳（赤児が乳を得たる如し）。
開・杰・開（帰妹）……重病得薬（重病者が良薬を得たる如し）。
開・杰・杰（豊）……蝴蝶得花（蝴蝶が花を得たる如し）。
開・杰・牟（震）……弓得羽箭（矢を得た弓の如し）。
開・牟・徒（恒）……拝見疎賓（馴れない客を拝見したる如し）。
開・牟・開（解）……河魚失水（川魚が水を失いたる如し）。
開・牟・杰（小過）……水上生紋（水面に波紋をおこすが如し）。
開・牟・牟（予）……竜得如意（竜が意を得たる如し）。

杰・徒・徒（小畜）……大魚入水（大魚が水を得たる如し）。
杰・徒・開（中孚）……炎天贈扇（炎天に扇を贈る如し）。
杰・徒・杰（家人）……鷲鷹無爪（爪のない鷹の如し）。
杰・徒・牟（益）……擲珠江中（川の中へ珠玉を棄てる如し）。
杰・開・徒（巽）……竜頭生角（竜頭に角が生えたる如し）。
杰・開・開（渙）……貧而且賤（貧にして賤なり）。
杰・開・杰（漸）……貧士得禄（貧士が禄を得たる如し）。
杰・開・牟（観）……猫児逢鼠（子猫が鼠に遇いたる如し）。
杰・杰・徒（需）……魚変成竜（魚が変って竜になる如し）。
杰・杰・開（節）……牛得蒭荳（牛が牧草と荳《まめ》を得たる如し）。
杰・杰・杰（既済）……樹花成実（樹の花が実を結べる如し）。
杰・杰・牟（屯）……沙門還俗（僧が還俗したる如し）。
杰・牟・徒（井）……行人思家（旅人が家を恋いしがる如し）。
杰・牟・開（坎）……馬無鞭策（馬に鞭無きが如し）。
杰・牟・杰（蹇）……行人得路（旅人が路を得たる如し）。
杰・牟・牟（比）……日照草露（陽が草露に照る如し）。
牟・徒・徒（大畜）……父母得子（父母が子を得たる如し）。
牟・徒・開（損）……有功無賞（功はたてたが、賞無きが如し）。

牟・徒・杰（賁）……竜入深淵（竜が深淵に入りたる如し）。
牟・徒・牟（頤）……盲人直門（盲人が門に直行する如し）。
牟・開・徒（蠱）……暗中見火（暗夜に火を見る如し）。
牟・開・開（蒙）……人無手臂（手と腕のない人の如し）。
牟・開・杰（艮）……利見大人（大人《たいじん》にあって得したる如し）。
牟・開・牟（剝）……角弓無弦（弦のない角弓の如し）。
牟・杰・徒（泰）……耳辺生風（耳のあたりに風が生じる如し）。
牟・杰・開（臨）……穉児得宝（赤児が宝を得たる如し）。
牟・杰・杰（明夷）……得人還失（人を得て、また失う如し）。
牟・杰・牟（復）……乱而不吉（乱れて不吉なり）。
牟・牟・徒（升）……生事茫然（事件が生じて茫然たり）。
牟・牟・開（師）……魚呑釣鉤（魚が釣針を呑みこんだる如し）。
牟・牟・杰（謙）……飛鳥遇人（飛ぶ鳥が人に遇う如し）。
牟・牟・牟（坤）……哥々得弟（兄が弟を得たる如し）。

跳板戯

民間では婦女たちが、藁枕のうえに白い板を横たえ、たがいに向かいあってその両端を踏む。そして交互にはずみをつけて跳ねあがったり、降りたりするが、その高さは数尺におよぶ。疲労困憊することをもって楽しむ。これを婦女

ノルティキ（跳板戯）

たちの跳板戯（널뛰기《ノルテイキ》）という。この遊びは、正月初めまでつづけられる。周煌*の『琉球国記略』には、「婦女たちが板のうえで舞うのを板舞という」と書いているが、この風俗はわが国の跳板戯に似たものであろう。

＊周煌　中国清代の著名な学者。『琉球国志略』が正確な表記である。琉球国を綜合的に紹介した十六巻に及ぶ著書で、かれが撰している。

青壇・氷燈

関北地方の風俗に、氷燈を設けるが、それはあたかも円柱のような燈籠《とうろう》に灯をともしたものである。そして夜が更けるまで鉦《どら》や鼓を打ち鳴らし、喇叭《ラッパ》を吹いて儺戯をおこなう。これを青壇という。

関西地方でも氷燈を設ける風俗があり、諸道の州邑でもそれぞれの風俗にしたがって、年終の戯をおこなう。

義州（平安道）の風俗には、里村などで紙砲を放つが、これは燕京（北京）の風俗にならったものであろう。

月内雑事

歳抄

十二月朔日《ついたち》に選部（吏曹の別称）では、朝官のなかで罷免されるか、左遷される人の名簿をつくって、国王に上申する。これを歳抄という。その名簿のなかで国王が点を打った者は、叙用（免官された者を再び任用すること）または減等（刑罰を軽くすること）する。六月朔日にも同じことがおこなわれる。けだし、大政*は、六月と十二月におこなわれるからである。

* 大政　官僚にたいする人事考課のようなもので、それによって昇進や罷免など人事異動が大々的におこなわれる。

国家に慶事があるばあいには、別に歳抄をあげることを赦して、おこなわない。けだし疏蕩之典*からでたものである。

* 疏蕩之典　前非をいっさい問わない寛大な措置のこと。

歳　饌

関西および海西地方の兵馬節度使は、毎年の例にしたがって朝紳および親知に歳饌をおくる。また各道の監司、兵使および守令たちも、年例として歳饋《さいき》をおくる。

そのときの書緘のなかには、小さい折紙に贈与する土産品の種目を列記するが、これを聡明紙という。

また各官衙の胥隷たちもまた、生雉や干柿などを、歳饋として親知の家におくる。

かんがうるに、周処*の『風土記』には、「蜀の風俗として、歳末に歳饋や問安を交換することを饋歳という」と書いている。また、蘇東坡の詩には、「盤のうえには大きな鯉が横たえられ、籠をひらくと二匹の兎が臥している」（置盤巨鯉横　発籠雙兎臥）という句がある。このような風俗は、昔からのものであろう。

* 周処　中国晋代の人で、字は子隠、諡は孝。斉万年の乱を鎮圧するために力戦して死す。

蹴鞠

壮年、青年、少年を問わず、男たちは蹴鞠《けまり》をして遊ぶ。蹴鞠は大きい弾丸のようなもので、そのうえに雉の羽根を挿す。相対した二人が交互に蹴りあげて、地面に落とさないのが善技とされている。

かんがうるに、劉向＊の『別録』には、「寒食には蹋蹴《とうしゅく》をして遊ぶが、これは黄帝がつくったものである」と書いている。

劉向　中国漢代の人、字は子政、本名は更生。著書には『洪範五行伝』をはじめ多くがあるが、『別録』はかれが秘府の図書を校して撰した私記。その子劉歆は『別録』をうけついで『七略別録』を完成し、中国目録学の祖といわれる。

また一説には、蹴鞠は戦国時代にはじまった兵技であって、一名を白打ともいう。いまの風俗はこれに由来する。

蹴鞠は冬からはじまり、正月にもっとも盛んである。

高城郡祀神

高城（江原道）の風俗に郡祀堂があって、毎月の一日と十五日に、官衙で祭祀をおこなう。

錦緞をもって神の仮面をつくり、祀堂のなかに安置しておく。十二月二十日過ぎにその神が乗りうつった邑人が、神の仮面を着けて蹈舞しながら、官衙および邑村を歩きまわる。そうすれば家々では、これを迎えて楽しむ。正月十五日前に神を祀堂にかえすが、これが毎年の常例となっている。けだし儺神のたぐいである。

閏月

閏月《うるうつき》には、俗に、嫁を娶《めと》るにも、寿衣（臨終のとき着せる晴着）をつくるにも宜しく、百事に忌むことがない。

広州（京畿道）の奉安寺では、閏月になればソウルの婦女たちが先を争ってきて、仏を供養し、銭を献納し、閏月が過ぎるまで絶えることがない。

またいうのには、このようにすれば極楽世界にいけること疑いなしと、四方から老女たちがあつまってきて仏を供養する。ソウルおよび各道の寺刹でも同じような風俗がある。

洌《れつ》陽《よう》歳《さい》時《じ》記《き》

金《キム》邁《メ》淳《スン》 著
姜在彦 訳注

目次

正月

立春

春帖子

民家や市廛《してん》では、剪《き》り紙に「立春」（春聯と同意）を書いて、柱や門楣《もんぴ》に貼りつける。あるいは「立春」のかわりに、詩または詞を書いて祝福の意味をあらわすばあいもある。それは宮殿における春帖子の例と同じである。

麦根占歳

農家では、立春の日に、麦の根を採り、その年の豊凶を占う。麦の根が三つに分岐しておれば豊作、二つに分岐しておれば平年作、単根で分岐していなければ凶作の兆といわれる。

元日

拳模

良好な米を粉にして篩《ふるい》にかけ、きれいな水を入れながらよく捏ねまわして蒸す。これをのし板のうえにのせて杵でよく搗《つ》き、少しずつちぎりとって手で揉みながら餅をつくる。その形はあたかも八梢魚《たこ》の足のように、丸くて長い。これを拳模（골무《コルム》떡《トック》）という。

餅湯

先ずすまし汁をつくり、それが煮えたぎったときに、餅を銭の形に薄く切って入れる。粘らずこわれないのが佳品である。あるいは、すまし汁に豚肉、牛肉、雉肉、鶏肉などを入れて炊《た》くこともある。除夜に家族がそろって、それを一椀ずつ食べる。これを餅湯（떡국《トックック》）という。世間では子どもの年齢を聞くとき、「今年で餅湯を何椀食べたのか」という。陸放翁の『歳首詩』に、「除夕《じよせき》に祭祀に供えてのち、餺飥《はくたく》を分けて食べる」という句があり、その註には、「地方の風俗として、元日には必ず餅湯を用いるが、これを冬餛飩《こんとん》または年餺飥という」と書いている。

おそらくこれは、わが国の餅湯のようなものであろう。

法鼓

僧徒は除夜の子の刻（真夜中の十二時頃）がすぎれば、家々をまわりながら門外から、「供養米をおあたえ下さい」と大声で呼びかける。

夜が更けるまで、家族そろってにぎやかに守歳していた人たちは、この声を聞いてたがいにかえりみて、「もう年があらたまったのか」という。

先王（正祖のこと。在位一七七七—一八〇〇）が、年初に僧尼が都城内に出入りすることを禁じてからは、このような風俗は絶えてなくなり、まれに地方に残っているだけである。

歳砲

宮中では、宮殿の近辺で、砲を三回放つ。

地方の官衙では、優人（歌舞をする一種の俳優）が仮面をかぶり、鑼《どら》をたたき、棒を振るい、大声でどなり、何かを追い払うまねをしながら、官衙内を何回かまわる。これは儺礼の遺法からでた行事であろう。

朝賀権停

『五礼儀*』によれば、「元旦と冬至の日に国王は、御殿に出御して朝賀を受ける」と書いている。しかしそのときに臨んでは、王旨によって権停**をおこなう。

* 『五礼儀』『国朝五礼儀』の略称。これは世宗（在位一四一九―五〇）の命を受けて、許稠などが古今の礼書を参照しながら編纂に着手し、世祖（在位一四五六―六八）の代にいたって姜希孟らが、吉礼、凶礼、嘉礼、賓礼、軍礼など五礼の図式を劃定して脱稿し、一四七四年に完成をみた。

** 権停　朝賀の式に国王の臨御を略し、臨機応変の略式によって儀式をおこなうこと。

これは本朝（李朝）王室の家法が、倹素の美徳を伝統的にうけついでいるので、法文上の礼制として規定しておきながら、じっさいはそれを略して簡素にしたのである。

このように簡素をとうとぶ王室の家法は、漢唐以来中国王朝の遠く及ばざるところである。

勧農綸音

先朝（正祖の代）のときから毎年元旦に、国王御製の勧農綸音を、八道観察使および四都留守*に下すことになっている。

＊ 四都留守　ソウルの外郭にある開城、広州、水原、江華の行政長官。

けだし東京*の代に、立春の日をもって寛大な教書を下すことになっていたのと、同じ意味である。

＊ 東京　東京すなわち洛陽に都した東漢（後漢）のこと。西京すなわち長安に都した西漢（前漢）との対称。

三日罷朝市

元旦から三日間にわたって、承政院では各房の公事を受け付けしない。したがって内外のすべての衙門《がもん》は、休暇にはいる。

また市廛（商店）も戸を閉め、囹圄《れいぎょ》（ろうや）も空になる。

公卿の家ではいっさいの面会を謝絶し、大門のところで名刺だけを受けとる。

農巌*の詩に、「貴人の門前には賀客の名刺が三日もたまり、翠《みどり》色の盃にそそいだ屠蘇《とそ》酒は、少年から飲み始める」（朱門賓刺留三日　翠勺屠蘇起少年）という句がある。

＊農巌　金昌協の号。領議政金寿恒の息子で李朝中期の著名な学者。父が党争に敗れ、珍島の謫所で賜死するにいたって、大提学、礼曹判書などへの任命を辞退して、いっさい官職につかなかった。文集に『農巌集』あり。

歳庇廕

かんがうるに、『四民月令』によれば、「酒を進める次第は、小から始まる」と書いており、これは年少者から先に飲み始めるということである。

男女老少を問わず、元旦には新調の晴着を着る。これを歳庇廕（설빔《ソルビム》）という。

歳拝

また親戚や村里の長老たちをあまねく訪問して、新年のあいさつをする。これを歳拝《セベ》という。

歳饌

年賀客には、酒食を設けてもてなす。これを歳饌《セチャン》という。

歳拝

徳談

元日から三日間、都内は男女たちの往来でにぎわい、美しく化粧して華やかに着飾った人の群で豪華絢爛となる。知り合い同士があえば、にこやかに笑いながら、新年の太平をよろこび、おたがいの吉事や慶事をあげて祝賀する。たとえば、「息子が生まれるように」とか、「昇進するように」とか、「病気がなおるように」とか、「事業がうまくいくように」など、相手の望みにかなうように語りかける。これを徳談という。

高祖父（筆者の曾祖父の父にあたる金昌翕*のこと）の『新年詩』に、「都の男女は路上で賀礼をかわす。この日の顔色おおいにうるわし」（都人士女途中賀　是日顔色両敷腴）という句がある。

* 金昌翕　号を三淵といい、さきの農巌　金昌協と兄弟。兄金昌協と同じくいっさいの官職を辞退し、学問に専念。兄弟そろって性理学の大家であり、文集に『三淵集』がある。

歳画

図画署では歳画を進上する。そのなかで、金甲神将の像は宮殿の大門に貼り、神仙、鶏、虎の像は壁に貼る。国王はこれを戚臣や近臣たちにも賜わる。

頒賜佩嚢

宮中では、上亥日および上子日（新年はじめての十二支で亥の日と子の日）に、各色の綾錦をもって佩嚢《はいのう》（一種の巾着）をつくる。上口に色紐を通し、しぼりあげて襞《ひだ》をつくり、色糸をよじってつくった長い総《ふさ》を垂れさげたのが、あたかも大きい胡蝶が翅《はね》をひろげて舞うようである。

元旦に国王は、新歳問安に訪れた近臣、公卿、宰相たちにこれを頒賜するが、その由来ははなはだ久しく、その意味は明らかでない。

ある説には、亥と子が十二支の最終と最初に当たるから、この日に佩嚢をつくるのは、一年の福禄をもれなく嚢中におさめるという意味だという。

羌飣

元旦と上元に民家で祖先の祭祀をおこなうとき羌飣《カンチョング》が最上の供え物となる。羌飣のつくり方は、水割りしない酒を糯米《もち》の粉に入れ、よく捏ねまわして餅をつくり、薄く切って乾かす。それを油揚げにすれば、丸く大きくふくらんで、あたかも蚕の繭《まゆ》のようである。それに水飴をつけ、白い炒り胡麻をもってころもとする。あるいは炒り豆の粉を用いるばあいもある。

『周礼』酏食疏に、「酒酏《しゅい》（米でつくった清酒）をもって餅をつくる」と書いているのが、いまの起膠餅のようなものであろう。羌飣はこの起膠餅の一種ではなかろうか。

また東萊*の祭式によれば、元日に繭を供えると書いており、楊誠斎**の『上元詩』には、「会飲の宴席に宮廷風の䮘䭔《じゃたい》(香ばしい蒸餅)の香りただよい、地方風の粉繭は故郷を憶わせる」(䮘䭔宮様陪公讌　粉繭郷風憶故園)という句がある。粉繭はいまの羌飣のことである。

* 東萊　中国宋代の呂祖謙のこと。東萊はその号である。
** 楊誠斎　中国宋代の人で、名は万里、誠斎はその号である。忠君憂国の心厚く、その詩は陸游、范成大と並び称せられる。

人日(正月七日)

花勝・銅人勝

工曹では花勝《しょう》(勝は婦人の髪飾り)をつくって宮中に進上する。また銅で毬《まり》のような形にし、そのうえに人形を刻んだものを銅人勝(人勝は首飾り)という。

これを各宮殿に一個ずつ進上する。

節日製

正月人日（七日）、三月三日、七月七夕、九月九日には、国王が親しく成均館に科題をおろし、上斎生（成均館在学生）に応試させる。そのとき大臣や両館（弘文館と芸文館）の提学たちが読券官（考試官）となって、国王の前で考査する。成績首位者には、往々にして賜第（四〇頁参照）の資格をあたえ、その他は等級にしたがって賞をあたえる。これを節日製という。

四学（六七頁参照）の学生にも応試させるばあいがあり、これを通方外という。

上亥日

作澡豆

婦女たちは上亥日に澡豆《そうとう》（緑豆の粉でつくった洗顔剤）をつくる。

俗談では豕《ぶた》の日（亥の日）に澡豆をつくり、鼠の日（子の日）に盛装して外出するといわれている。

上元日（正月十五日）

薬飯

糯米を蒸した飯に、胡麻油、蜂蜜、醬油を混ぜ合わせる。また棗や栗の肉をとってそれに入れ、再びよく蒸しあげる。これは祖先を祭るときに供え、客をもてなし、となり近所にも分けあう。これを名づけて薬飯という。

薬果

わが国の風俗では、蜂蜜を薬用にするので、蜜飯を薬飯といい、蜜果を薬果というのである。

伝説では、新羅の炤智王が、「射琴匣」の異変を告げてくれた烏に感謝し、薬飯をつくって烏に食べさせたのが、ついに地方の風俗となったといわれている（四三頁参照）。

訳官から聞いた話によれば、中国に赴いたわが国の使節たちは、上元の日には必ず饔人（調理師）に命じて薬飯をつくらせた。そして燕京（北京）の貴人たちがこれを試食して、百味をもってしてもこれにまさるものはないと、大へんよろこんだ。そしてその製法を伝授してやったが、どうしてもつくれなかったという。

　鳥とかかわる薬飯の伝説は理屈にあわないとしても、中国にはこのようなものがなかったことからみて、わが国から始まった独特の風俗であることは確かなようにも見える。

　しかしさいきん閲覧した韋臣源の『食譜』には、「油画明珠」という語句があり、その註に、「上元の油飯は、薬飯の材料をひっくるめたもので、要約していうばあいは、必ず油飯というべきである。画とは赤色と黒色が交錯していることであり、明珠とはその色が潤麗なことである」と書いている。これは薬飯を意味するものであろう。

　してみると薬飯は、中国にあったものが東方に伝わり、新羅からはじまったのに、好事家たちがその由来をかってに付会したにすぎない。

　では、昔中国にあったのが、今はどうしてなくなったのか。それはあたかも、礼制の発祥地である周と魯のくににそれがなくなったのに、郯《たん》のくににそれが保全された如く、河洛*に絃誦(音楽と学問)がなくなったのに、閩《びん》**に儒学が興隆した如く、物事が本来このようであるから、薬飯だけが例外でありえようか。

* 河洛　黄河と洛水の流域地方のことで、ここが周代の文化と政治の中心であった。

** 閩　中国の東南に位するいまの福建省。周代には七閩の地といわれたように、未開の辺境であった。

明耳酒

上元の早暁に、酒一杯飲むのを、明耳酒という。

咬瘡果

やはり上元の日の早暁に、栗三つを噛みくだくのを、咬瘡果という。

撈竜子

早暁に、井華水一椀を汲むことを撈竜子という。

魚梟施

きれいな紙に白飯を包み、水に投げるのを魚梟施という。

防厄

十月初めから男の子は紙鳶《たこ》をあげ、女の子は木彫りの小さい葫蘆《ころ》（ふくべ）三枚を腰に下げる。

上元の夜、紙鳶は糸を切って空に放ち、葫蘆は一文銭をつけて、道端に棄てる。これを名づけて防厄という。

踏橋

上元の夜に橋を十二回渡れば、十二ヵ月間の厄除けになるといわれる。そこでこの日の夜は、公卿、宰臣、貴人から一般庶民にいたるまで、老人や病人を除いて家中にいる者はいない。

輿に乗り、馬にまたがり、杖をつくなど、市内が雑踏をきわめ、笙《しょう》や簫《しょう》を吹きならし、人が集まるところには酒樽が並ぶ。

一年のうち、都市で遊観の盛んなること、上元の日と四月八日にまさる日はない。

この両日の夜には、国王が特旨をもって、夜間外出禁止を解除する。

迎月

農家ではこの日の初昏、炬火《たいまつ》をかかげて群を成し、東に向かって走る。これを迎月（달맞이《タルマチ》）という。月が登ればその輪郭と色をみて、その年の豊凶を占う。五山天輅*の詩にいわく、「農家では正月十五日に月の昇るのを待つ。月が北に近ければ山峡が豊作となり、南に傾けば海辺が稔る。月が赤ければ草木が焦げるのを憂い、白ければ河が氾濫することを恐れる。月がまんまるく黄色であれば、まさに豊作になることを知る」（農家正月望　相候月昇天　近北豊山峡　差南稔

海辺　赤疑焦草木　白怕漲川淵　円満中黄色　方知大有年）。

＊五山天輅　車天輅のことで、五山はその号。李朝中期の人で、その文名は中国でも高く、「東方文士」と呼ばれた。日本にも一五八九年の通信使黄允吉に随行している。文集に『五山集』あり。

潤　月

農民たちはとうもろこしの茎を二つに割り、割れた茎の一方に十二の穴をうがち、大豆を一粒ずつ納れて十二ヵ月を表示する。他の一方にも同じようにする。その両方を複合して結び、一夜水中に漬けておく。それを引きあげ、大豆のふくれ具合でそれぞれの月の旱害および水害の有無を占う。これを潤月という。

縛　苫

海苔や馬蹄菜《しらやまぎく》の葉で、飯を包んで食べる。たくさん食べるほどよいという。これを名づけて縛苫（복쌈《ポックサム》）といい、五穀豊穣を祈る意味である。

二月

花妬娟

二月と三月が入れかわる頃、風雨が強く、冬のように冷い。これを俗に花妬娟(꽃샘《コッセム》)という。

俗談で、二月の風は大甕をこわし、花妬娟は未老年者をも凍死させるという。

朔日(二月一日)

中和尺

正祖は、その治世の丙辰年(一七九六)二月朔日《ついたち》に、公卿や近臣に尺を頒賜した。これは中和節の故事を復活した行事である。

正祖はその御製詩で、「中和節に尺をあたえるのは、紅泥*を宮中からおろすのだ。五色の線を裁断して、山竜**を縫わせるためなのだ」(頒尺中和節　紅泥下九重　裁来五色線　許爾補山竜)とのべている。

＊ 紅泥　玉璽を押すときの印肉のこと。臣下にたいする国王の信任を象徴したものであろう。

＊＊ 山竜　国王が着る袞竜袍《こんりゅうほう》のこと。国王をよく補佐するようにとのことであろう。

ところがこの中和尺は、普通使われている布帛尺に比べて短い。

昴宿占歳

農家ではこの日の初昏に、昴星《スバルぼし》＊と月との距離をみて歳事を占う。

＊ 昴星　二十八宿の一つで、昴宿に属する星団をいう。二十八宿とは、昔中国で黄道に沿って天球を二十八に区分し、星宿（星座）の位置を示したもの。

昴星が月と併行するか、寸尺以内の距離をもって先行すれば、吉兆であり、もし前後の距離がかなり離れていれば、その年は乏しくて子どもの養育さえむずかしいという。試してみたところ、すこぶる当たっている。

三月

花柳遊

ソウルの花柳は、三月がもっとも盛んである。南山の蚕頭峯と北岳の弼雲台や洗心台は、遊賞地として知られている。そしてこの一ヵ月間は、遊賞客が雲霧のようにあつまっておとろえることがない。

洗心台は、宣禧宮の背後の山麓にある。辛亥年（一七九一）の晩春に、先王正祖は、毓祥宮と宣禧宮に拝謁してのち、輿を洗心台にすすめ、老臣および近臣たちと弓戯をしたり、詩を賦したりして清遊した。その年から、これが常例となった。

けだし毓祥宮（正祖の曾祖母の祠堂）と宣禧宮（正祖の祖母の居住処）は、英祖（正祖の先王）の旧邸とともに、いずれも北岳の山麓にあったため、正祖はこの辺一帯を、豊沛か南陽*のようにみていた。だからこの近辺の男女老少は、国王の行幸を待ち望むこと、あたかも霊台・泮水の風**の如くである。

景福宮の後苑香遠亭の形勝

＊豊沛・南陽　豊沛は漢の高祖の出生地で、いまの江蘇省徐州に属す。南陽は後漢の光武帝の出生地で、いまの河南省南陽のことである。つまり正祖は洗心台を故郷のように思っていたということである。

＊＊霊台・泮水の風　霊台は周の文王がつくった楼台で、ここで文王は民と同楽したという。泮水は泮宮をめぐらした水のことで、泮宮は周の時代に、諸侯がここに集まって学問したところである。したがって霊台・泮水の風とは、国王が臣下や人民とわけへだてなく融け合うことをいう。

正祖は乙卯年（一七九五）の春に、洗心台の下に居住する朝臣や儒生たちを招いて、賡歌（国王の詩に答えた詩）を進上するようにし、内閣＊に命じて辛亥年以来のを集めた詩集上、下篇一帙を印刷して進上させた。そしてこれを儒生たちに頒賜した。

＊内閣　奎章閣には内閣（王宮内）、外閣（校書舘）、江華外閣（江華行宮）があって、そのなかの内閣をいう。

正祖はその御製詩で、「両山は実に一家をなし、千樹もまた同園である」（両山真一戸　千樹亦同園）とうたっている。この詩が一時に伝誦され、太平盛事をたたえた。

正祖は宋朝の故事にならい、三月になれば、内閣の諸臣をひきいて、王宮の後苑で花の観賞と魚釣りの宴を設けた。癸丑年（一七九三）の春には、蘭亭の会*が癸丑年（三五三）にあったことを追想して、曲水流觴《りゅうしょう》の宴をもよおし、諸臣に命じてその子弟まで同伴させた。また承旨や史官まで参加して、その数三十九名におよんだ。

* 蘭亭の会　晋の穆宗の代に癸丑年（三五三）三月三日、王羲之ら名士四十一人が蘭亭に集まって、曲水に觴（盃）を流し、詩を賦したという故事。蘭亭は中国の浙江省紹興県にある。

正祖が逝去されてから五年後の甲子年（一八〇四）に、わたくしはかたじけなくも閣職に就くようになった。そのとき奉謨堂に拝謁し、春節には大奉審*をおこなった。また皆有窩（宮中の書庫）にある四部書（経、史、子、集の四部に分類された蔵書）の虫干しをした。

＊大奉審　奉審とは王命によって陵や廟を管理することであるが、それを大々的におこなった意味。

ときあたかも、後苑には百花繚乱と咲き乱れ、案内してくれた老吏は、通りすがりの蓮池、楼台、亭子を指しながら、ここは先王が閣臣たちと宴を張った場所であるといった。

わたくしは、たたずんでこれを眺めたところ、正祖が珠簾と羽帳の奥に生存しておられるような感がしてならなかった。

寒食

内兵曹＊では、柳の木を錐揉みして火を取り、宮中に進上する。国王はこれを宮中、諸司、大臣の家に頒賜する。

頒火

＊内兵曹　兵曹に附属した官署で、宮中における侍衛や儀仗などを担当した。

『周礼』夏官によれば、司爟（官職名）が火にかんする制度を管掌したと書いている。

三日

春時祭

わが国の風俗では、忌祭（忌日におこなう祭祀）を重視し、時祭（春、夏、秋、冬におこなう祭祀）を重んじない陋習を免れえなかった。ところが李朝中葉にいたって多くの儒賢が輩出し、士大夫のなかで礼を尚ぶ者が多くなるにつれて、時祭を重視する風潮がはじまった。

しかし、たいていは貧しいために、四時に時祭をするものは少なく、春秋二回つまり春の重三節（三月三日）と秋の重九節（九月九日）に時祭をおこなうものが多くなった。

穀　雨

河をのぼってくる美しい魚に貢指（공 치《コンダチ》）がある。大きいものになると一尺ほどもあり、鱗がこまかくて肉が厚く、膾《なます》にしても羹《あつもの》にしてもよい。

毎年三月初めになると、それが漢江を東に向けてさかのぼり、渼陰（楊州郡）にいたって止まる。貢指の川のぼりは、穀雨を前後してはじまり、三月三日にもっとも盛んである。それが過ぎればだんだん少なくなり、しだいに消えてなくなる。

江村の人たちは、貢指がのぼってくる時期をみて、節気の早晩を占う。

農巌（金昌協）の詩に、「魚が穀雨を迎えて、銀鱗をおどらせながらのぼってくる」（魚迎穀雨　鱗鱗上）という句があるが、これのことである。

ある説によれば、貢指（공 치《コンダチ》）は穀至（곡 지《コックチ》）が訛転したもので、「穀至」とは、穀雨に至るという意味だという。

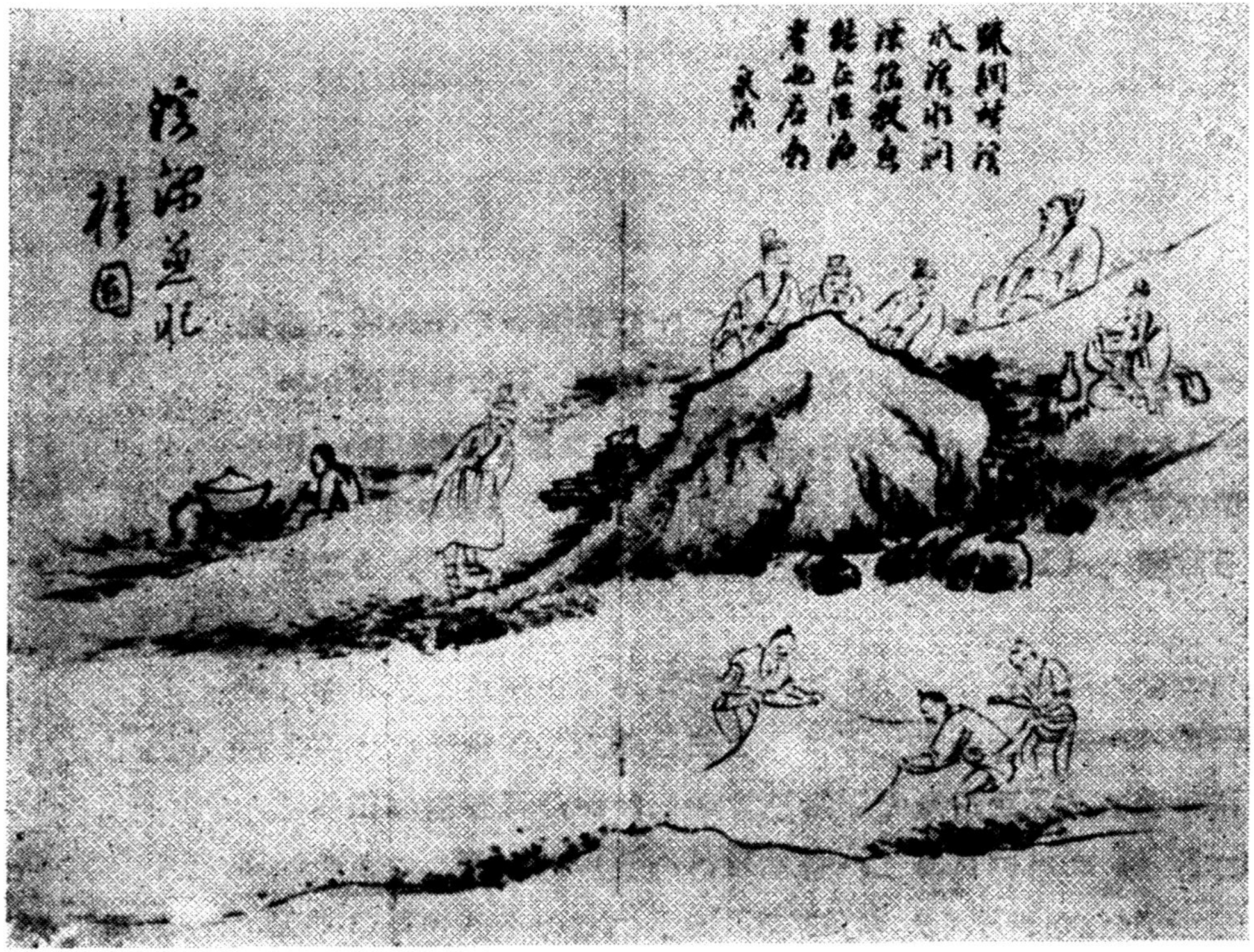

渓深魚肥図（金弘道筆）

四月

八日

観燈

民家および官府、市廛《してん》では、みんな燈竿をつくってたてる。それは竹や木をつらねて束ね、高さが十余丈にもおよぶ。その先端には錦幟を挿し、その下に木を横に交差させて物を引っかけるような鉤にし、それに縄を垂らしてその両端が地面にまでとどくようにする。

夕刻になると、それに燈籠を吊るして灯をともす。その数多いときは十余、少ないときは三、四におよぶ。民家では子どもの数に合わせて燈籠を吊るすのが原則であり、上から下につらなる燈籠の灯が、さながら珠玉を貫いたようにみえる。

燈籠を吊るす方法は、まず縄の一端をもって最上部にあげるべき燈籠の頭部をつなぎ、縄の他の一端をもって、最下部の燈籠の尾部をつなぐ。そして縄を徐々に吊るしあげれば、最上部の燈籠が鉤のところにいたって止まる。

高い所に登って眺めれば、そのかがやきが満天の星座の如く、燈籠には蒜の形のもの、瓜の形のもの、花や葉の形のもの、鳥獣の形のものなど千差万別であり、すべてを表現しつくすことはできない。

子どもたちは、燈竿の下に蓆をしいて楡葉餻や塩味の蒸豆などを食べる。

水缶

また子どもたちは盆水に瓢《ひさご》を浮かばせて、輪になってまわりながらそれを叩く遊びをする。これを名づけて水缶（물 장子《ムルチャンググ》）という。

中国では、正月十五日に、このような燃燈をおこなう。しかしわが国の風俗で四月八日にこれをおこなうのは、燃燈の由来が仏教からきており、四月八日が釈迦牟尼《しゃかむに》の誕生日であるからである。

五　月

端午（五月五日）

水瀬日

わが国の人たちは、端午の日を水瀬日ともいう。というのは、この日、飯を水瀬（川の早瀬）に投げて、屈三閭*を祭るからである。

* 屈三閭　中国戦国時代の楚のくにの忠臣屈原のこと（その故事については一一五頁参照）。

地域が万余里も離れ、世代の変遷が千余年にも及ぶのに、なお屈三閭をあわれむ民間の風俗が変わることなく、さながらその精霊が現存しているようである。何が人をしてこのように感慕せしめるのか。

そもそもわが国の人たちは、聖賢をいとおしみ、故事を大切にすること、他の地方と異なるからであろう。韓子*がのべたところの、「燕趙の士**はその性から出たのだろうか」というのは、このことをいうのであろうか。

* 韓子　中国唐代の韓愈のこと。字は退之である。文名高く、唐宋八大家の第一人者といわれている。

** 燕趙の士　燕と趙は中国戦国時代の諸侯国で、それぞれ戦国七雄の一つ。「燕趙悲歌士」といわれるように、この両国からは国を憂いて慷慨悲歌した志士が多く輩出している。

菖蒲浴

端午の日に、未婚の男女は、菖蒲を採ってきて菖蒲湯をつくり、それで髪を洗い、沐浴をする。またその根の白い部分をとって四、五寸くらいに切り、きれいに洗ってからその端を朱に塗り、髪に挿すか佩帯する。

かんがうるに、『大戴礼』には、「五月五日には蓄蘭をもって沐浴をなす」と書いており、宋代の王沂公はその『端午帖』のなかで、「菖蒲を旋刻して、厄払いをした」と書いている。けだしその由来が遠いのである。

鞦韆

男女の年少者たちは、鞦韆戯（그《ク》네《ネ》뛰《テイ》기《キ》）をして遊ぶ。都鄙を問わずこれがおこなわれるが、とくに関西地方が盛んである。美しい衣裳をまとい、ご馳走をととのえて集まり、嬉々としてたのしむのは、元旦の日と同じである。

艾花

直学（奎章閣の直提学の略称）をしていた従兄の宅には、正祖が端午の名節にたまわった艾花（쑥《スック》 호《ホ》랑《ラング》 이《イ》）一枚がある。それは、木を削って心木にし、その長さは七、八寸、幅は三分くらいである。心木の中間から下半部はしだいに細くなり、先端の方は尖っていて簪にするようになっている。

また心木の上半部の両面には菖蒲の葉を挾んでいるが、その幅は心木のそれと同じく、その長さは心木のそれよりも長くて、両端から少しはみでて対《つい》になっているのが、ちょうど子葉が開いた形である。

赤い苧麻《からむし》でつくった造花を、そのまん中に穴をあけて心木の菖蒲の葉のところまで通し、糊を貼って止めるが、花片は上を向くようにする。そして五色の糸をもって造花をつなぎとめ、心木全体にそれを巻きつける。

けだしこれは、宮中に伝わる故事のようであるが、その由来は不明である。名物にかんする文献をみると、蒹艾と長命縷の二つの意味がありそうだが、その材料のなかに艾《よもぎ》がないので疑わしい。

陸放翁はその『重五詩』（重五は五月五日の端午節のこと）で、「たとえ身は老いたりといえども、艾花の簪を髪に挿す」（衰甚猶簪艾一枝）とうたったのが、これのことである。

端午扇

工曹および湖南、嶺南地方の二監営*と統制営**では、扇をつくって端午節に献上する。朝廷ではそれを三営***以上の諸官衙に、規定にしたがって差をつけながら贈与する。

* 監営　各道の監司（観察使）が政務を掌る官庁。
** 統制営　三道水軍統制使の本陣で、いまの慶尚南道馬山市。
*** 三営　李朝時代の訓練都監、禁衛営、御営庁の総称で、一名三軍門ともいう。

扇をもらった者は、それを親戚、知人、墓守り、佃客（小作人）にいたるまでわけあたえる。だから俗に、「地方で喜ばれる贈り物は、夏の扇と冬の暦である」といわれる。

統制営では扇のほかにも、鍬、火熨子《ひのし》、佩刀などをつくって贈与する。昔の扇は、折りたためない団扇《うちわ》であったようである。班婕妤*の『紈扇詩』には、「丸きこと明月に似たり」（団々似明月）という句があり、古楽府**には、『白団扇歌』があり、張敞***が章台街で馬を走らせたとき、便面をもって馬に鞭あてたというが、これらはいずれも折りたためない団扇のことである。

* 班婕妤　婕妤は宮中女官の官名で、班婕妤は、漢の成帝の寵愛をうけた女流詩人。

** 古楽府　楽府は漢詩の一形式で、漢の武帝のときから四方の風謡を採集し、また詩賦をつくらせて、それに音楽をつけて歌曲としておこなわれた詩のことである。「古楽府」は、後世に漢魏六朝の楽府を指していうのである。

*** 張敞　漢代の人で、字は子高。膠州の相として治績をあげ、後に京兆尹として朝廷の大事に参与す。妻のために眉を画いたことで糾弾をうけ、この故事にちなんで夫婦の狎れあいを張敞筆という。

永楽年間（一四〇三—二四）に、朝鮮から折りたたむ扇子（摺畳扇）をおくったところ、明の成祖は尚方（天子の日用品をつくる官署）に命じて、朝鮮のそれと同じいものをつくらせてから、ついに天下に普及するにいたったのである。

太宗雨

五月十日は太宗（李朝三代目の国王）がなくなった忌日である。太宗はその在位二十二年間に〔在位十八年、上王として四年、合わせて二十二年〕、天を敬い民政に勤めて、早朝から深夜までおこたることがなかった。

太宗は、病勢が危篤におちいったときでさえ、日照りがつづくのを憂いながら、「予はまさに上帝に一雨を乞うて、わが民を恵むであろう」とのべた。太宗が息をひきとった瞬間、果たして沛然たる大雨が降った。このときから太宗の忌日には、毎年のように雨が降るので、人びとは太宗雨と呼ぶようになった。

ところが、宣祖（在位一五六七—一六〇七）の代にいたって、壬辰年（一五九二）前の数年間は、そのような徴候があらわれなかった。あにはからんや、島夷の乱（豊臣秀吉の侵入）があり、人びとは奇異におもった〔太宗がなくなったのは永楽二十年壬寅年＝一四二二年であるから、万暦年間壬辰年＝一五九二年まで百七十一年となる〕。

近世以来、毎年その日に必ずしも雨が降らず、四、五月頃に日照りがつづくばあいが多くなった。田野の農夫たちは、指折りかぞえて五月十日を待ちながら、「献陵（太宗の陵）殿下がわれわれを顧みないはずがあろうか」といいあった。その日に雨が降れば、「献陵殿下の霊験あらたかなり」と、喜ばないものはない。

太宗を忘れない心が、四百年一日の如く変わらないとは、ああなんと盛んなることか。

六月

玉枢丹

内医院では季夏（六月）の土曜日*に黄帝を祀り、玉枢丹をつくって国王に進上する。国王はこれを、閣臣たちに三個ずつ内賜する。

* 土曜日　日本でいう土用をいう。つまり五行（木、火、土、金、水）のなかで、とくに土の気が盛んな節をいう。土曜日は一年に四期あって、春には清明から立夏まで、夏には小暑から立秋まで、秋には寒露から立冬まで、冬には小寒から立春まで、それぞれ十八日間となる。ここでは夏の土曜日をいう。

十五日

流頭

高句麗、新羅のときわが国の男女たちは、酒食をととのえて東流する河辺にあつまり、沐浴をし宴会をもよおして楽しみながら、厄払いをした。これはちょうど、昔の溱洧の俗*のような風俗である。この日を流頭という。

＊溱洧の俗　中国春秋時代に鄭というくにがあり、溱水と洧水はそのくにの二大河川である。いまの中国河南省開封道鄭県に属する。この二大河川は、鄭の人たちの遊観の地として有名であり、『詩経』鄭風篇に、その風俗がうたわれている。

後世にいたってこのような風俗はなくなったが、この日を名節とし、今にいたるも変わることがない。

水団・水角児

水団および水角児は、時食のうちでも盛饌となっている。水団は元旦の拳模（一八〇頁参照）のような餅で、それよりも細く、そして分厚く切る。それに米の粉を塗ってころもとし、あっさり炊いて蜂蜜をといた水に入れ、氷を入れて食べる。

水角児というのは、小麦をひき臼で粉にし、細かい篩《ふるい》にかけて麩《ふすま》をとり、水を入れてよく捏ねる。それを小片ずつちぎりとって、のし棒で掌の大きさにのばし、そのなかに細かくきざんだ南瓜、豚肉、牛肉、鶏肉などを混ぜ合わせ、胡麻油と醬油で味付けして炒めた餡を入れて包む。その両端をひねり合わせ、まん中をしぼりあげた形が、ちょうど饅頭のようになる。これを蒸して醋醬《すじょうゆ》につけて食べる。

呂栄公の『歳時記』には、「端午の日に水団をつくるが、またの名を白団という。またもっとも精巧なものを名づけて滴粉団という」と書いており、張耒〔文潜〕の詩には、「水団を氷に浸し、砂糖で包む」（水団氷浸　砂糖裹）という句がある。

また『天宝遺事』には、「宮中では毎年の端午節に、粉団と角黍をつくり、金盤のうえにそれを盛り、小角弓に箭を架してこれを射る。そして粉団をあてたものが、それを食べる」と書いている。けだし粉団はなめらかで、射あてることがむずかしいのであろう〔粉団は乾団といって、氷に入れてないものである〕。

以上によれば、水団は中国では端午の日につくったのであるが、わが国の風俗では、流頭日につくるようになったのである。

伏日

狗醤

狗肉を羹《あつもの》にした狗《ケ》醤《チャング》をつくって身体の陽気を助け、赤小豆粥をつくって癘疫《れいえき》を防ぐ。

三伏雨

俗にいうことには、棗《なつめ》は三伏の日に結実するが、このときに雨が降れば、実を結ばないとのことである。

忠清道の青山および報恩の二邑は、土地が棗に適していて、これを生業としており、千樹におよぶ棗園がたがいに隣接していて、結婚費用や衣食が、ことごとくこれに依存している。

だから好事家はこれを比喩して、「三伏の日に雨が降れば、報恩の娘たちが雨のように涙する」という。

狗　醬

七　月

百種節

中元（七月十五日）

伝説では、新羅の故俗として、王女が六部（昔の慶州六部のこと。一二七頁参照）の婦女たちをひきいて、七月十六日から大部の庭に早朝から集まり、麻紡ぎをはじめる。八月十五日にその多少を審査して、負けた方が酒食をととのえ、勝った方をもてなす。その宴席では、歌舞や百戯がおこなわれる。だから七月十五日を百種節とし、八月十五日を嘉俳日としたと伝えられている。

またある説には、新羅および高麗時代には、仏教が大へん崇められた。盂蘭《うら》盆《ぼん》にならった昔からの風俗として、中元の日には、百種の花果をととのえて仏を供養し、冥福を祈ったので、この日を百種日と名づけたという、二つの説がある。

いずれが正しいかは知らないが、今はただその名のみが残り、行事そのものはなくなった。

しかし、僧家では、この日に斎を設けて祖先を供養し、市井の人たちも寄り集まって、酒宴をひらいて楽しむ。けだし昔の風俗のなごりである。

八月

仲秋（八月十五日）

嘉俳日

嘉俳という呼称は、新羅の時代からはじまる。この月は万物が稔り、仲秋佳節と称する。

だから民間ではこの日をもっとも重んじ、たとえ僻地の貧家といえども、みんな例にしたがって新穀で酒をかもし、鶏をつぶして饌をととのえ、果物をふんだんに準備して膳立てをする。そしていわく、「過不足なく、ただ嘉俳日（한《ハン》가위《カウィ》　まん中という意味）のようでありますように」と。

省墓

士大夫の家では、元旦、寒食、仲秋、冬至を四大名節とする。

四大名節におこなわれる墓祭は、人によって寒食と仲秋にだけ盛んにおこなうばあいもあり、また寒食に比べて仲秋に盛んにおこなうのが普通である。

柳子厚*ののべたところでは、「皂隷《そうれい》（隷臣）、傭人、丐（乞食）たちまでみんな父母の墓参りをするのは、この日だけである」と。まさにそのとおりである。

＊ 柳子厚　中国唐代の人で、名は宗元、子厚はその字。柳州刺史をしたことがあるので、世に柳柳州ともいわれる。その詩文は韓愈と並び称せられ、韓柳ともいう。唐宋八大家の一人である。『柳先生文集』その他がある。

九月

楓菊遊

楓が紅葉し、菊花薫《かお》る頃、男女たちが遊賞するのは花柳遊（一九七頁参照）と似ている。

士大夫のうち故事を尚ぶものは、重陽日（九月九日）に登高をし、詩を賦す。

山遊び（申潤福筆）

十月

二十日

孫石日

江華島にわたる海中に危険な暗礁があって、孫石項（손돌목《ソンドルモック》）といわれている。方言で山水が険しく狭隘なところを「項」（목《モック》）という。

かつて孫石という船頭が、十月二十日にここで冤死したために、このように呼ばれるようになった（一三五頁参照）。

いまでもこの日になると、風が多いうえに寒さが厳しく、船乗りたちは警戒を厳にし、住民たちも防寒衣を準備するのがしきたりになっている。

十一月

冬至

頒暦

観象監では、明年度の暦書を作成して国王に進上する。国王はこれをご覧になって、臣下たちに頒賜する。

暦書の上等品は黄色の表紙で装丁し、つぎは青粧暦、白暦、中暦、月暦、常暦などがあるが、これらの名称は紙の質や装丁の模様によって区別したものである。

ソウルの各衙門では、あらかじめ観象監に紙をあずけて印刷を依頼し、長官や下僚たちはそれぞれ分に応じて差をつけ、暦書を分けてもらう。そして郷里の知人や隣近者たちへの贈物として用いる。

吏曹の胥吏たちは、搢紳諸家をそれぞれ担当しているが、その担当した家門から一名以上が銓郎*の詮衡対象にあがったばあい、例にしたがって青粧暦一冊を贈呈することになっている。

銓郎　李朝政府の吏曹に所属する正郎（正五品）と佐郎（正六品）の総称である。官員の推薦、詮衡を担当した役職で、銓郎の任免はその直属長官である吏曹判書も左右できないほど、大きな権限をもっていた。つまり李朝政府における人事行政を担当した選り抜きのエリート官僚である。

槎川　李秉淵*の詩に、「胥吏は青粧暦を送ってきたし、家からは赤豆粥を伝えてきた」（吏送青粧暦　家伝赤豆粥）という句がある。

冬至に赤豆粥をつくって厄除けにするのは、中国から伝わった風俗であり、本来わが国の風俗ではないので、ここで詳述することは差控えたい。

＊ 李秉淵　李朝中期の文人で、槎川はその号。英祖（在位一七二五―七六）代における詩壇の第一人者。『槎川詩抄』がある。

十二月

黄柑製

済州島は昔の耽羅国である。この地方では、柑橘類が生産されている。毎年の十一月か十二月の二ヵ月の間に、その貢納品が、ソウルに到着する。国王はこれを成均舘学生たちに頒賜し、国王が親しく科題をだして、節日製（製は試験のこと）の例にしたがって科挙試をおこなう。そして成績首位者には、賜第の資格があたえられる。これを名づけて黄柑製という。

恕庵　申靖夏*の詩に、「朝鮮八道からの箋文は同日に至り、済州からの柑橘はその次に来たる」（八道箋文同日至　済州柑橘二番来）という句がある。けだしこれは、宮中の行事をうたった詩句である。

* 申靖夏　李朝中期の文人で、金昌協の門人。恕庵はその号。家礼源流にかんする論争で老論と少論が対立したとき、かれは老論を弁護して国王に上疏したが、ついに納れられず、いっさいの官職を罷免された。

柑橘が貢納されたとき、寒さが厳しければ、国王は貢人たちを引見し、衣を賜わり飯をもてなして柔遠の意を示す。済州からの貢人たちは、このような恩沢に浴するために、必ず寒い日をみて入城する。だから黄柑製は、十二月におこなわれるばあいが多い。

臘　日

わが国の暦では、冬至から第三番目の未《ひつじ》の日をもって臘日となす。それは、東方の盛徳が「木」（五行の木）にあるからである。

この日大廟では祭祀がおこなわれるが、これは四孟*と並んで五大祭享となる。

* 四孟　孟春、孟夏、孟秋、孟冬の総称で、春夏秋冬の初めの月、つまり正月、四月、七月、十月をいう。

民間でも祖先の祭祀がおこなわれるが、その様式は毎月の朔日《ついたち》と名節（元旦、寒食、端午、秋夕）の祭祀様式と同じである。

造丸剤

内医院および諸営門では、臘日に諸種の丸剤をつくるが、このような風俗は公私および都鄙の別なく普及している。それら諸種の丸剤のなかで、とりわけ清心丸と蘇合丸が特効がある。

燕京（北京）の人たちは、清心丸を起死回生の神丹として珍重がり、わが国の使節が来れば、王公から貴人にいたるまでわれ先きにと集まってきて、これを乞わないものがない。往々にしてそのおねだりに耐えきれず、処方を伝授してもつくれないのが、薬飯のばあいと同じである。奇異なことである。ある人は、燕京には牛黄*がなく、駝黄をもって代用するから、たとえ処方にしたがってつくっても効能があらわれないという。それが事実かどうかは知らない。

* 牛黄　牛の胆嚢にできる胆石で、漢方薬の材料として貴重なものである。

取禽獣

臘日に捕獲した禽獣は、その肉がいずれも美味である。とくに雀は老弱者に

鷹猟図（金弘道筆）

よいので、民家では捕網をもってこれを捕獲する。『周礼』羅氏条によれば、「中春に春鳥を網で捕えて、国中の老人を養う」と書いている。周のくにの中春というのは、今の十二月のことである。鄭氏*の註によれば、「春鳥はいまの南郡の雀と同種である」と書いている。

* 鄭氏　『周礼』に註をつけた後漢の鄭玄のこと。

除夕

守歳　人家では軒《ひさし》、寝室、廊下、大門、竃《かまど》、圊溷《かわや》など家の内外にぼんぼりを灯して夜を明かす。そして上下老幼が鶏鳴を聞くまで眠らない。これが守歳である。子どもたちが困憊《こんぱい》して睡るならば、「除夕に睡れば眉毛が白くなる」といっておどかす。

辟瘟丹　内医院では辟瘟丹《へきおんたん》をつくって、国王に進上する。国王は元旦の早暁に、辟瘟丹の一つをくゆらせる。その処方は『東医宝鑑*』に書いている。

*『東医宝鑑』　許俊が宣祖の命をうけて一五九七年に編纂に着手し、一六一一年に完成、一六一三年に刊行した東洋医薬の集大成。この書は中国や日本にも刊行後間もなく伝わって、漢方医の間で重宝がられた。全巻は内景篇（内科）、外形篇（外科）、雑篇、湯液篇、鍼灸篇など二十三篇によって構成されている。

辟瘟丹をたたえた歌に、「神聖な辟瘟丹を世に伝え、元旦にその一くゆり焚いて、四季の平安を保ちたし」（神聖辟瘟丹　留伝在世間　正元焚一炷　四季保平安）。あるいは民間では、赤い佩嚢に辟瘟丹を入れて、佩帯するばあいもある。

跋

江村で永い夏をもてあましていたが、偶然呂侍講*が歴陽にいたとき、名節の日には講学を休み、寄り集まって飲酒しながら、歳時風俗を記録したことをおもいだした。

* 呂侍講　中国宋代の学者呂大臨のこと。程明道、程伊川の二程の門下に学び、謝良佐、游酢、楊時とともに程門四先生と称せられる。

わたくしは欣然として心を動かされ、呂侍講の義例にならって、わが国の民間風俗の見聞したものを、随時おもいだしながら記録してみた。それらを順次配列してみたら、八十余項目にも達した。

虞初や斉諧*のように卑俗で煩瑣なのが、大雅（文人）の観点からみてとるに足らないかも知れない。また、昔の故事を好んだ楊子雲**のような人は、文筆の調子が、あるいは計吏や衛卒の如き者の下ではないかと、見られるかも知れない。

* 虞初・斉諧　虞初は前漢武帝のときに小説を書いた人。斉諧は、一説には斉国の諧謔の書といい、他の一説には怪談をよくした人という。いずれにしても、小説や怪談のような卑俗な文章という意味。
** 楊子雲　漢代の人で、名は雄、子雲はその字である。著名な学者で、詩賦をよくしたが、身分の賤しい計吏たちから各地方の方言を聞いて記録した『方言』などを著わしている。

筆硯を焼き棄ててしまいたい心が切だが、容易なことではない。比喩すれば、杜五郎*もいったように、「書はその所在を知らない」というようなことも、はなはだ多いのである。このことを書いて、わが恥を識すしだいである。

* 杜五郎　中国後漢の人で、名は安、字は伯夷。十三歳にして太学に入り、奇童といわれた。かれは、書翰をもらえば壁のなかに入れて露出させることがなか

った。そして書をくれた人が罪に問われたとき、書の所在は知らないといって、累を及ぼさなかった。

己卯年流頭日（一八一九年六月十五日）

洌陽外史書

京《きょう》都《と》雑《ざっ》志《し》（巻之一　風俗）

柳得恭《リュトゥクコング》　著
姜在彦　訳注

目次

巾服

冠・鞋

士大夫は、平素、多くのばあい幅巾、方冠、程子冠、東坡冠をかぶり、朝士（官僚）は唐巾をかぶる。しかし路上ではいずれも笠子（갓《カツ》）をかぶり、唐鞋《あい》（唐草紋様のはいった皮製の履物）または雲鞋（雲様紋のはいった皮製の履物）を履く。

服

儒生は道袍《ほう》を着る。朝士も常服としてこれを用いるが、武官は常服として直領を着る。

扇

冬には毛扇を携帯する。その作り方は、貂《てん》の下顎の黄色い毛をもって、扇の両側の柱を包んで竹の節のようにし、それに黒緞一幅をつらねる。あるいは、獺《かわうそ》の毛皮をもって両側の柱を包むばあいもある。

扇の両側の柱を、貂または獺の毛皮で包むのは、手を暖くし、寒風から顔面をまもるためである。

春と秋には紗（軽くうすい織物）一幅を用いて風塵を防ぎ、獐《のろ》の皮をもって両

外出する女性風俗（申潤福筆）

側の柱を包む。

刀　衣帯にゆわえる小刀は、犀《さい》の角、玳瑁《たいまい》（亀の一種）の甲、沈香木、黒い水牛の角、華梨木などをもって鞘とする。あるいは、烏銅（鉄または赤銅の異名）でつくった柄に模様を刻んだものがあるが、これは日本式である。

女衣　市井の婦女たちは緑色の袿《けい》衣（上衣）を着るが、外出するときはこれとは別に、一衣（長衣장옷《チャンオッ》のこと）をもって頭にかぶる。*

* 昔は「女子出門必擁蔽其面」の古訓にしたがって、女性が外出するときは、深緑の長衣をかぶって顔をかくした。

酒食

名酒　酒の名称には小麹酒、桃花酒、杜鵑酒などがあり、いずれも春に醸造する佳酒である。

また平壌の甘紅露酒、黄海道の梨薑膏、全羅道の竹瀝膏などは、いずれも贈り物などに使われる良酒である。

食品

鍋物を氈笠（전립《チョンリップ》）と名づけるのは、鍋の形が氈笠に似ているからである。鍋のまん中では蔬菜を煮る。鍋のまわりでは肉を焼く。酒の肴や飯のおかずとして美味である。

蕩平菜は、菉豆乳（록 두묵《ノックトウムック》）、豚肉、芹の若芽などを細かく刻み、醋《す》醤《じようゆ》をつけて食べる。涼味がさわやかで晩春のよい食物である。

雑葅（朝鮮漬の一種）は、鰕《えび》の塩辛を煮た澄まし汁に、蘿蔔《だいこん》、蒜《にんにく》、番椒《とうがらし》、螺《さざえ》、鰒《あわび》、石首魚《ぐち》などを入れ、陶製の甕の中で混ぜ合わせて漬ける。それを一冬経てから食べれば、辛味があって食欲をそそる。

鱠材

鯼魚（웅 어《ウングオ》）は、俗名で葦魚といわれる。漢江下流の幸州付近でよくとれる。晩春から初夏にかけて、司饔院ではこれを網でとって、宮中に進上する。この季節になると、魚商たちは街をあまねくまわりながら、声をはりあげてこれ

を売る。鯊魚は鱠《なます》の材料となる。桃の花が散る前に、河豚《ふぐ》ちりを食べる。その毒をおそれる者は、禿尾魚《ぼら》を羹《あつもの》にして食べる。

茶烟

わが国では茶が産出しないので、*燕市（北京）から輸入する。あるいは雀舌《じゃくぜつ》（木の若い芽でつくった雀舌茶）、生薑、橘をもって代用するばあいもある。官庁では炒り糯米に湯を入れて、これを茶という。

* 本来、朝鮮に茶が生産されなかったわけではない。『三国史記』によれば、すでに、新羅の興徳王三年（八二八年）に、中国から茶の種子が伝わって、智異山で栽培するようになり、仏教の儀式と関連して、飲茶の風俗が、かなり盛んであった。

高麗にいたっては、飲茶の風俗がいっそう広汎な普及をみせ、宮廷には茶房があり、寺院には茶を納める茶村などがあった。そして国家的な年中行事であっ

茶種

た春の燃燈会、秋の八関会では、進茶の礼式などがおこなわれた。宋の徐兢が書いた『高麗図経』には、茶具として金花烏盞、翡色小甌、銀炉、湯鼎などや、高麗独特の飲茶礼俗などが紹介されている。精巧な高麗磁器が飲茶風俗と関連して発展したことを、『高麗図経』の記録によって知ることができる。ところが李朝にはいってきびしい排仏崇儒策の結果、仏教の衰退とともにしだいに飲茶の風俗はすたれ、李朝後期における陶磁器の衰退も、それとの不可分の関連から派生した現象であろう。

名烟

近頃は、白頭山の杉の芽を摘んできて、茶として用いるばあいもある。

関西地方の三登、成川などでは、金絲烟という煙草が産出される。これを俗に西草という。煙草のなかでも、大へん珍重がられる。

烟具

朝官たちは、必ず烟盒(煙草入れ)をもっている。それは鉄でつくられ、梅竹が銀で象嵌されている。そして紫色の鹿皮でつくった紐をつけ、外出するときには烟盃(灰皿)とともに、馬のうしろにさげて携帯する。

烟禁

卑賤な者は、高貴な人の前で、敢えて喫煙することは相ならぬ。朝士たちが外出するときは、煙草をくわえた者を辟除《へきじょ》（人を遠ざけること）すること、はなはだ厳しい。

果瓜

名果

梨の佳品を秋香という。海西地方の黄州、鳳山などから産出される。

柿は月華、小円、長存、方穴と呼ばれるものが、京畿道の南陽、安山などから産出する。

橘、柚子《ゆず》、石榴《ざくろ》などは南部地方で生産される。ソウルでは石榴の鉢植えが大へん盛んである。

桃で毛のないものを僧桃という。毛があり、大きく、早熟し、美味なものに六月桃というものがある。鬱陵島には大粒の桃が多く、それを繁殖させるために種子を取る。これを鬱陵桃という。

南瓜は豚肉といっしょに煮付けたら美味である。また干した鮸魚《にべ》の頭といっしょに煮付けても、夏の小ざっぱりしたおかずになる。

第宅

士大夫は、その門を高く、大きく構える。しかし庶民には禁じられている。家屋の前には樅《もみ》の木でつくった棚をひさしにゆわえつけ、その先端を引きあげて胡蘆《ころ》傘のようにする。けだし鶴が翼をひろげて飛ぶような形になる。これを「老松翠屛」という。

家屋の内部には、房（部屋）の床面に黄色い油紙を貼るが、こり固まった脂のように滑らかである。そのうえに「寿福」の紋様がはいった竜鬚《りゅうしゅ》草の蓆《むしろ》を敷く。そして花紋のはいった脇息をおく。

房には卍字形に桟を組み合わせた二枚の障子を設け、自由に開閉できるようにする。それには障子紙を貼って油を引き、泥銀色のように清潔にする。障子にはガラスを嵌めて外をのぞきみることができるようにする。

朝鮮式の家屋

民間では白板門を新設したとき、「庚申年庚申月庚申日庚申時姜太公造*」と書いて貼る。けだし「金」が「木」に克つ意味を取ったもののようである。**

* 姜太公は周代の斉の始祖。字は子牙、名は尚。俗に太公望といわれている。はじめ渭水に釣り糸を垂れて世を避けていたが、文王に用いられ、武王を助けて殷を討ち、天下を平定した。『六韜』という兵書はその著作といわれている。年月日時がすべて「庚申」となっているのは、干支の庚と申が、五行の金に該当し、この「金」が白板門の「木」に克つという意味である。

** 五行説によれば、万物組成の元素として、木、火、土、金、水があり、それらの相互関係には相生相克の原理があるとされている。つまり相生の原理として、木から火を、火から土を、土から金を、金から水を、水から木を生ずといい、相克の原理として、木が土に、土が水に、水が火に、火が金に、金が木に克つという。ここでは「金」が「木」に克つことをいったのである。

馬驢

馬種

毛色の紅馬を截多といい、栗色馬を勾郎といい、紅沙馬（赤と白の混合色の馬）を夫婁、黒馬を加羅、黄馬を公鶻という。また黒鬃黄馬（毛色は黄色で、たてがみの黒い馬）を高羅、海騮（毛色は白色で、たてがみの黒い馬）を加里温、線臉（顔面に縞のある馬）を間者という。

これらの名称はいずれも満洲語で、わが国の人たちが開市*のとき、かれらのことばをならったものである。

* 開市　外国との貿易のために設けられた市場をいう。李朝中期以後日本との間には、釜山東萊を中心とした倭館開市があり、中国東北部（満州）との間には中江、慶源、会寧などに開市があった。ここでは満州との開市場をいう。

騎制

騎馬するときは、その右側に馬方が付き添うて馬を曳く。堂上官（二二頁参照）は馬方が左側に付き添うて馬を曳く。その轡《くつわ》はやわらかくて長い。

儒生たちは驢《ろば》に乗るのを好む。朝士たちも同じい。しかし武官たちが驢に乗れば、そしりをうける。

器什

鍮器

一般に真鍮製の什器を重んじる。人びとは必ず、飯、湯（おつゆ）、蔬、炙（焼いた魚肉）など、食膳に必要な真鍮製の什器類をととのえる。はなはだしくは、洗面器や夜壺さえも真鍮製である。

文房

文房名品

黄鼠狼《いたち》の尾の毛でつくった筆、雪花紙や竹清紙、海州（黄海道）の油煤墨、藍蒲（忠清道）の烏石硯などは、文房具のなかでいずれも佳品である。近ごろは渭原（平安道）の紫石硯が、すこぶる用いられるようになった。

名花

花卉

花卉では、日本の蘇《そ》鉄《てつ》や棕櫚《しゅろ》などもよく栽培される。燕京（北京）では、秋の海棠花《はまなし》がとうとばれる。

梅では、蕚《がく》が緑色で、枝が斜めにそがれ、自然にさかさに垂れたのが、佳品とされる。

菊には紅色、黄色、白色の三色があり、鶴翎、禁苑、黄酔、楊妃などの名称がある。また烏紅、大雪白、小雪白などの諸品種がある。

鵓鴿八目

鵓鴿

鵓鴿《はと》には、八つの種類がある。その一は、全身白色の全白であり、その二は、胴体は白色で尾が黒く、頭に黒い斑点のある点鳥であり、その三は、胴体は赤く、尾の白い紫丹であり、その四は、胴体が白色で、頭と頸の黒い黒虚頭である。

またその五は、胴体は白色で、頭と頸が紫色の紫虚頭であり、その六は、胴体は白色で頸が赤く、翼の先端に二層の赤い斑点がある天仰白である。さらにその七は、胴体は黒色で尾の白い黒層であり、その八は、褐色の翼の先端に、二層の金色の斑点がある僧である。

遊賞

遊賞地

ソウル近郊では弼雲台の杏の花、北屯の桃の花、興仁門外の楊柳、天然亭の蓮の花、三清洞および蕩春台の水石などが、遊賞地として名所となっている。そしてここには、盃をかたむけながら詩を賦す風流客が多くあつまってくる。

巡城

ソウル都城の周囲四十里（日本里で四里）をくまなく巡り、城内外の花柳を観覧しつくした者を第一とす。

遊賞地の一つ北岳山の古城壁

城巡りは、朝早くから登りはじめて、夕暮れの鐘が鳴る頃におわる。しかし、山路が大へん険しく、力尽きて途中で引き返す者もいる。

声　伎

打風流　鼓、腰鼓、奚琴、横笛、大觱篥《ひちりき》、小觱篥を合奏することを打風流という。

内吹・細楽手　これが宣伝官庁*に所属しているばあいを内吹といい、壮勇営、訓局（訓練都監）、禁衛営、御営庁など軍営に所属しているばあいを細楽手という。

* 宣伝官庁　李朝時代に形名（軍号の一種）、啓螺（吹打）、侍衛、伝令、符信などを管掌した官庁。

腔　種　歌には清音と濁音を用い、それが変化して中大葉、数大葉などの名称が生じた。「葉」とは「腔」（曲調のこと）のことである。

仮面劇の一場面

舞様

舞踊は必ず対舞であるが、男は袖をひるがえして踊り、女は手をひるがえして踊る。

官妓

内医院や恵民署*には女医がいる。工曹と尚衣院**には鍼線婢（針子のこと）がいる。いずれも関東地方および三南地方（湖西、湖南、嶺南）から選上した官妓である。

* 恵民署　医薬と一般庶民の治療を担当した官庁。
** 尚衣院　国王の衣服と日用品を管掌した官庁。

宴会があるときは、かの女らを招いて歌舞をさせる。内医院の女医は黒い絹の加里麼（가리마《カリマ》）を頭にかぶり、その他は黒い布の加里麼を頭にかぶる。加里麼とは、方言で、布で覆うという意味である。その形は書翰用の封筒の如く、髻《もとどり》（結髪）を覆うことができる。

演劇

演劇には山戯と野戯の両部があり、儺礼都監に所属する。

山戯は、舞台をつくり、帳をめぐらして獅虎、曼碩、僧舞などを上演する。野戯は、唐女、小梅に扮して舞う。

曼碩は高麗時代の僧の名であり、唐女は、高麗時代に礼成江辺に来住した中国の倡女のことである。小梅は昔の美女の名である。

賭戯

投箋

投箋は紙牌のようなものである。人、魚、鳥、雉、星、馬、獐《のろ》、兎がそれぞれ一から九まである。

人将は皇といい、魚将は竜といい、鳥将は鳳といい、雉将は鷹という。また星将は極といい、馬将は乗といい、獐将は虎といい、兎将は鷲という。それらを合わせて八十葉となっており、これを八目という。

人、魚、鳥、雉は「老」として用い、星、馬、獐、兎は「少」として用いる。箋の字は、篆《てん》書体も草書体も似ているから、奇異である。

市舗

六矣廛*

緞綢《たんちゅう》(絹織物)、紙、布(綿織物)などを売るもろもろの店舗が、ソウル鐘路街をはさんで両側に立ち並び、その他は各処に分散している。

* 六矣廛　ソウル鐘路街に店舗をもっていた御用商店で、六注比廛ともいう。国家の財政的必要にたいして一定の国役を負担するかわりに、国家的需要の調達や貢物の処分および一定の商品にたいする独占的専売権をもっていた。かれらの間には都中という強固なギルド組合があって、専売権を侵害する乱廛にたいしては、容赦なくこれを排除した。六矣廛にはつぎのような種類がある。
立廛……縇廛または線廛ともいい、緞子《どんす》類を取扱う。
綿布廛……白木廛または布廛ともいい、綿布類を取扱う。
綿紬廛……白絹類を取扱う。
紙廛……紙類を取扱う。
苧布廛……苧布《からむし》、麻布類を取扱う。
内外魚物廛……魚類を取扱う。

朝市

買物客は、朝は梨峴と昭義門外にあつまり、昼は鐘路街にあつまる。ソウル市内の需要品のなかで、東部市場の野菜と、七牌市場の魚類がもっとも盛んである。

南酒北餅

ソウル南山麓の近辺では酒をよく醸造し、北部一帯には餅商が多いから、俗に「南酒北餅」といわれている。

薬局

薬舗は葦の簾をおろし、「神農遺業」とか、「万病回春」などの屋号をかかげている。売薬人を一般に奉事と呼ぶ。

詩文

学文次第

子どもたちは先ず周興嗣の『千字文』*を授かり、つぎに曾先之の『史略』**をまなぶ。それが終れば少微の『通鑑』***または『小学』****をまなび他書にうつる。

* 『千字文』 中国南北朝時代の梁の周興嗣が、武帝の勅をうけて撰した漢文の入門書であり、習字の手本となっている。朝鮮では李朝中期の名筆といわれる韓石峯の筆蹟による『千字文』が普及していた。

** 『史略』『十八史略』の略称。元の曾先之が、十七史に宋史を加えた十八史を摘録した初学者用の読本。

*** 『通鑑』 中国宋代の江少微(名は贄)が、司馬光の『資治通鑑』を要約した『通鑑節要』のこと。

**** 『小学』 朱子の門人劉子澄が、その師の指示にしたがって、古今の書から日常の作法および嘉言善行を類輯した修身書で、内外二篇からなる。

春と秋には『唐詩』抄本を読む。その最初に掲載されているのが、宋之問*の「寒食詩」となっており、これを俗に「馬上唐音」といっている。

* 宋之問 中国唐代の著名な詩人で、沈佺期と並称して沈宋といわれる。睿宗のとき嶺南に流され、賜死した。

民間では『剪燈新話*』がもっとも愛読される。それは吏文**の学習に役だつからである。『剪燈新話』は元代の瞿佑が著作した小説であり、わが国の文人である垂胡子林芑が註解している。

＊『剪燈新話』　元末明初の瞿佑の小説集。本来『剪燈録』四十巻となっていたが、かれが詩禍で流配されている間に散逸した。ところが胡子昂という人が、その書記田以和からそのなかの四巻を入手し、瞿佑の校定をへて『剪燈新話』に改題した。これには二十篇の小説を四巻に収め、もう一篇の小説を付録一巻に収録している。

＊＊吏文　中国との間に往来していた官用公文に用いられた特殊な文体。これは純漢文で書かれたけれども、それに中国の俗語が加味されていた。朝鮮では、一五四一年に崔世珍という学者が、王命をうけて時用吏文を集め、それに註解を加えた『吏文続集輯覧』がある。

儒生たちは、夏になると、山寺や野亭に集まって、詩賦をこころみる。このような集まりを接《チョツプ》という。

詩題のなかの一字を押して、それと同韻の文字二十韻をもって作詩するが、第五、第六の句*を立題といい、第七、第八の句を鋪頭といい、第九、第十の句を鋪叙という。ここで少し層節を変化させて回題（原題に戻ること）するにいたる。

＊句　漢詩には、句節法という規則がある。つまり、漢詩ではいくつかの文字をもって句をなし、いくつかの句をもって篇となす。句が四つの文字でなるばあい四言詩といい、五つの文字でなるばあい五言詩といい、七つの文字でなるばあい七言詩という。

賦

賦は三十韻をもって展開していくが、第七、第八の句を破題といい、第九、第十の句を鋪頭という。その他は詩のばあいとほぼ同じである。

風月

詩律を俗に風月《プンダオル》という。これは「吟風詠月」の略称である。

詩宴では、韻字を探しだし、青色、黄色、紅色、白色の側理紙または翠羽紙などの箋を横につらねて、これを写す。

書画

書体

書体には蜀体というのがある。これは趙松雪*の書体のことである。

* 趙松雪　元代の詩人であり、書家である。字は子昂、名は孟頫、松雪道人と号す。本来宋の宗室で、元に降り、翰林学士承旨となる。その書は、行書および楷書が巧みで、また山水画をよくした。

高麗忠宣王（在位一三〇九―一三一三）は、元朝の成宗の駙馬（皇帝の女婿）として太尉瀋陽王の爵位をうけ、燕京（北京）に滞留したことがある。そのとき忠宣王の邸宅には趙松雪がよく出入りしたので、その筆蹟が多くわが国に伝わり、いまに至るもその書体をならうようになった。

蜀体は「肖」体の訛転であり、「肖」は「趙」の半分をとったものである。

また、額体という書体がある。これは、元代の僧雪庵*の書体である。その書体は、扁額の題字を書くのに適切な書体なので、額体といわれている。いまも雪庵の書による『兵衛森帖』があって、額体の手本として世におこなわれている。

＊雪庵　明の人で、本名は葉希賢、東呉老人と号した。官が御史にのぼったが、靖難の変のとき出家して雪庵和尚と号した。

飛白

飛白という書体がある。これは柳の枝を削り、その先端をつぶして墨をつけ、「孝悌」、「忠信」、「礼義」、「廉恥」などの字を書く。点と画が波だつが如く随意に動いて、魚、蟹《かに》、蝦《えび》、燕などの模様が描きだされる。

付壁

壁には鍾馗《しょうき》が鬼を捕える絵、仙人が鹿にまたがる絵などを画いてかかげる。

画屏

屏風には金剛山一万二千峯または関東八景＊の絵を画き、小屏風には花、鳥、蝶を画く。

関東八景　平安道の代表的な八つの名勝地「関西八景」にたいして、江原道東海沿岸の八つの名勝地を指して「関東八景」という。それは通川の叢石亭、高城の三日浦、杆城の清澗亭、襄陽の洛山寺、江陵の鏡浦台、三渉の竹西楼、蔚珍の望洋亭、平海の越松亭。

婚礼でつかわれる屏風には百子図、郭汾陽*の行楽図、瑤地宴図などを画く。また国家的な宴会では、済用監**の牡丹を画いた大屏風を用いる。士族の婚礼でもこれを借用する。

* 郭汾陽　中国唐代の郭子儀のこと。汾陽王に封ぜられたことから郭汾陽という。
** 済用監　布帛、皮物、人参などの進上品および国王からの賜与品を管掌していた官庁。

婚儀

新行

新郎は、白馬にまたがり、紫色の絹でつくった団領を着て犀帯を帯び、頭には複翅をつけた紗帽をかぶる。

新郎の馬前には、青紗燈籠四対《つい》を排列させる。雁夫（新婦の家に木雁を持参する人）は赤い笠子をかぶり、黒い団領を着て、木雁をもって徐々に先行する。

諸司から隷吏たちを借りてきて、新郎に前後左右から陪従して街路を練り歩く。

新婦は、その屋根の尖端を黄銅でつくった八人轎《かご》に乗り、簾を垂れる。八人轎の前には青紗燈籠四対と案袱（几案に婚需をのせて持参する人）一対を立てる。きれいに化粧して麗服を着飾った十二名の女婢が、棗、脯《ほしにく》、衣裳函、鏡台を頭にのせ、芙蓉香を捧げて先導する。

乳母は、黒い絹の加里麼《カリマ》を頭にかぶり、馬にまたがって後からついていく。隷吏を陪従させて街路を練り歩くのは、新郎のばあいと同じい。

遊　街

進士*に及第したという放榜（及第発表）があれば、遊街**をする。遊街のときは細楽手（楽隊）、広大、才人（芸技をする人）を帯同する。広大は倡優（俳優）のことである。

* 進士　李朝の科挙制では、文官登用のための試験に、生員・進士科（小科）と文科（大科）がある。生進科には生員科と進士科があり、ソウル四学と地方郷校の儒生を対象にそれぞれの地方で初試がおこなわれ、その及第者がソウルにあつまって覆試に応試し、さいごの及第者が決定される。だから生進科の覆試に及第した人は、厳密には生員と進士に区別されるわけだが、一般には両者を一括して「進士」と通称するようになった。文科（大科）は生進科合格者と成均舘儒生を対象にしておこなわれ、初試および覆試をへて及第者が決定し、さいごの殿試によってその等級がきまる。だから生進科を小科といい、文科を大科という。李朝時代の科挙制を図で示せばつぎのようになる。

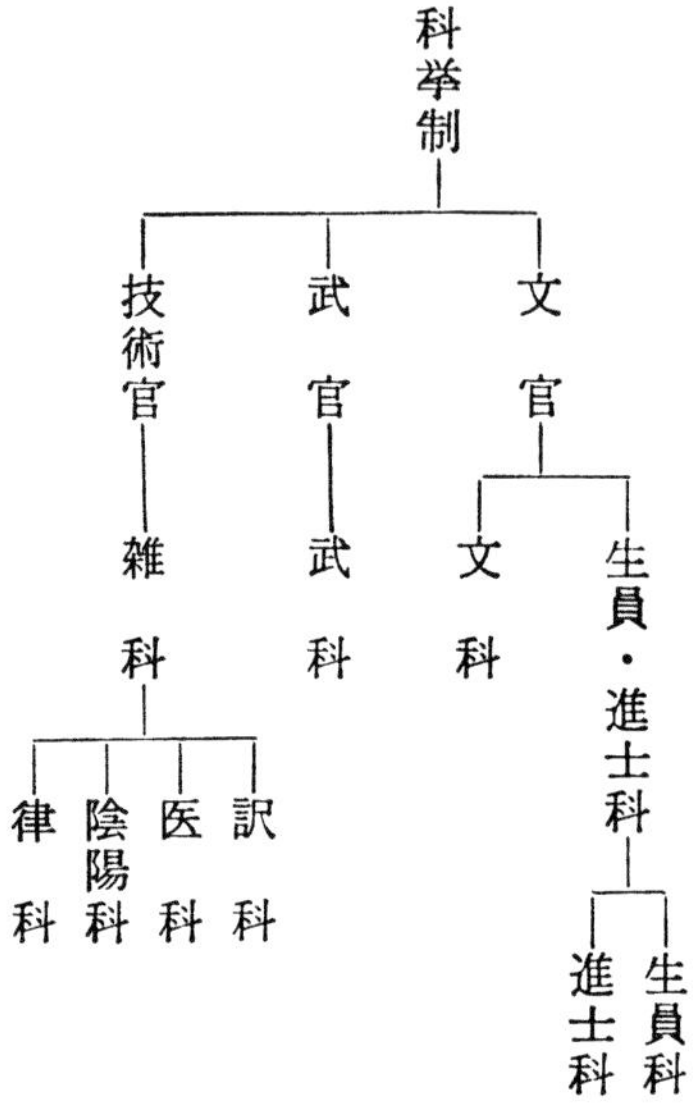

** 遊街　科挙試及第のあいさつのため、座首（郷所の首位職で、年齢が多く徳望のある人を郷士たちが推挙し、守令が任命する）、先輩、親戚などを訪問すること。

かれらは錦衣に黄色い草笠をかぶり、綵花（色絹でつくった造花）と孔雀の羽根を挿し、乱舞し、おどけたわむれながら街路を練り歩く。才人は縄渡りやとんぼがえりなど諸戯をする。

呵導

辟除

宰相や侍従が道を行くときは、呵導（貴人に陪従する下隷たち）がはりあげる声が、雄渾でありながら、その声には抑揚があって一本調子ではない。

もし一般民がその前を犯すか、騎馬していておりないか、煙草をくわえるか、袂《たもと》を振るうか、土下座しない者がおれば、とりあえず路傍の家に拘禁しておいて、後で懲罰する。

軺軒（従二品以上の官人が乗る一輪の乗轎）に乗るか、騎馬して門を出入するときは、衆隷たちはいっせいに声をはりあげて、「白右」という。「右」とは「上」のことであり（「右」の音と「上」の訓は、朝鮮音が同じい）、「白」とは、貴人の冠帽が門楣にひっかかることをおもんばかる意味である。このような辟除は、廃止することのできない儀節とおもわれている。

解説

I

われわれ在日朝鮮人は、日本の中に身をおいて暮らしている。しかしより厳密にいえば、日本社会そのものの中というよりは、日本の中の同胞社会の中に身を寄せあって暮らしているといった方が当たるかも知れない。折りにふれ同胞社会のなかにある「朝鮮的」なるものが、永い風雪に耐えて、同化もせず、風化もせずに持続していることへの驚きのような感動をおぼえることがある。

「朝鮮的」なるものという、きわめて漠然とした表現をつかったが、そうするほか仕方がないほど、そこには理屈でわりきれないふしぎな生命力のようなものを感じる。社会体制がどうあろうと、それぞれの民族にはそれ独自の生活様式が根強く伝承され、それを劃一化することは不可能に近い。このことは、深い歴史的伝統を背負うている民族であればあるほど、そうである。

民俗学的知見に乏しい私が、朝鮮の歳時風俗に関心をもち、本書の翻訳を思いたったのも、このような「朝鮮的」なるものの一側面でもさぐりあてようとする好奇心がなすわざである。

中国では古くから、宗懍の『荊楚歳時記』をはじめとして、歳時風俗にかんする文献が多いことはよく知られている。日本でも、本屋をちょっとのぞいただけで、いかにさまざまな歳時記が刊行されていることか、おどろかされる。しかし朝鮮の歳時風俗については、その存在さえもほとんど知られていないのが現状ではなかろうか。

ここに収録した文献は、もっとも新しいものでも一八四九年、つまり開国以前の著作であるから、朝鮮が近代文明の洗礼を受ける以前の歳時風俗である。一年間を一つのサイクルとして反復されてきた朝鮮の年中行事が、いつ頃からはじまったかは、さだかではない。おそらく、人間が不安定な採集経済の段階をこえて一定の地域に定着するようになり、気候の変化に敏感に左右される米づくりを中心とした農耕生活が始まったときから、その端緒的形態が芽生えたのであろう。そのとき以来一年間を一つのサイクルとする計画的労働が営まれ、それに結びついた年中行事がしだいに形成され、伝承されていく間により豊富な内容をもつに至ったものと考えられる。

近代以前においても、朝鮮が他の世界から孤立してなかったことと関連して、朝鮮の歳時風俗も、その固有のものを基本としながら、外来の儒教的、道教的、仏教的影響が加わって、それらが民衆生活のなかに定着している。このようにして形成されてきた歳時風俗は、一般的には各階層をこえた共通性をもちながらも、特殊的には宮中および士大夫層には外来的要素が強く、庶民層には固有の民俗的要素が強い。

しかし、古来から反復的に伝承されてきた歳時風俗といえども、時代の変遷から超越していることはできない。したがって本書にみられるさまざまな行事のなかには、こんにちなお伝承されているもの、変形しているもの、または完全に消滅してしまったものなど、いろいろある。本書で訳出した諸文献は、近代以後急激な変遷をへてきた歳時風俗の「原点」を示すものとして、その文献的価値は大きい。また同じアジアのモンスーン地帯の農耕民族でありながら、中国や日本の歳時風俗との異同性を対比研究するうえにおいても、興味ある文献といえる。

朝鮮は地理的に東アジア大陸につながる半島をなしていて、大陸性気候と海洋性気候が全土のうえで交錯している。そのことによって、冬と夏の寒暑の差、乾季と雨季の区別、四季のうつり変わりが、他国よりもはっきりしており、当然のことながら自然のうつり変わりも顕著である。四季の変わり目にははっきりしたけじめがあり、自然の風物は四季ごとに、全くといっていいほど趣きを異にして化粧直しをする。このような一年間の生活サイクルのなかに、素朴な祈り、敬虔な祭祀、律動的な労働、楽天的な娯楽を織りまぜながら、季節のうつり変わりに区切りをつけ、生活に多彩なリズムとバラエティをあたえてきた歳時風俗は、それなりに朝鮮民衆の叙事詩といえないだろうか。そこには自然と人生にたいするすなおな畏れと感動のほとばしりがある。

II

本書は一九一一年に朝鮮光文会が刊行した『東国歳時記』と、それに合本されている『洌陽歳時記』および『京都雑志』の風俗篇を訳出したものである。本来『京都雑志』は風俗篇と歳時篇からなっているが、歳時篇は前二著と重複する部分が多いので、ここでは省略することにした。

『東国歳時記』の著者である陶厓 洪錫謨の経歴については、くわしい記録がない。序文を書いた李子有が慨嘆しているように、かれが非凡な文才をもちながらもついに世に出ることなく、一地方の微官末職でその生涯をおえたからであろう。

かれは一時、蔭仕《いんし》として府使の官職をえたことがあるから、由緒ある家門に生まれて学問をするには恵まれていたと思われる。蔭仕とは、功臣または堂上官（二二頁参照）の子孫に、科挙試をへずして官職をあたえることである。なるほど『東国歳時記』をひもといてみると、そこでは年中行事のたんなる羅列におわるのではなく、その淵源を逐一考証するために、じつに莫大な文献が参照されている。当時の条件では、莫大な家蔵本をもつことなしに、このような作業はできないものである。

洪錫謨は、耳渓 洪良浩（一七二四―一八〇二）の孫にあたるが、祖父洪良浩は正祖（在位一七七七―一八〇〇）のときの学者としてその名声たかく、『英祖実録』、『国朝宝鑑』、『同文彙考』など記念碑的な文献編纂に参劃しており、その文集に『耳渓集』（四九巻）がある。

『東国歳時記』は、現伝する朝鮮歳時記のうちの白眉であって、もっとも内容が豊富かつ詳細である。洪錫謨が『東国歳時記』を書いた動機は、李子有がその序文で書いているように、中国には宗懍の『荊楚歳時記』以来そのような類書が多いが、それがわが国にないことを慨嘆してこれを書いたとしている。しかし洪錫謨は柳得恭の『京都雑志』を読んでいたことは歴然としており、内容を検討してみると『東国歳時記』は『京都雑志』の歳時篇を原形にして、それに新しい見聞と文献からより豊富な内容を採集して完成したといって間違いない。

にもかかわらず『東国歳時記』は、朝鮮の歳時風俗にかんする文献のなかで、もっとも高い評価があたえられているものであるが、つぎの二点については留意して読む必要がある。

その第一は、儒学者の一般的な通弊としていえることであるが、朝鮮の歳時風俗の淵源をかなり無理な文献考証によって、中国のそれにもとめている個所が多い。そのことによって、朝鮮の礼俗が「中華」の流れを汲むものである所以を実証しようとする意識が、強くはたらいている。

その第二は、内容がソウルの歳時風俗にとどまらず地方のそれをも包括していることは、すぐれた点であるが、地方の歳時風俗のほとんどは、著者自身の現地踏査によって採集したものではなく、『東国輿地勝覧』から引用していることである。因みに『東国輿地勝覧』は一五三〇年に完成した地理書で、『東国歳時記』を著作した一八四九年まで、それらの伝承的行事が残存していたかどうか、それについての確認がない。

ともあれ本書が、その後孫洪承敬の提供によって、朝鮮光文会が活字で印刷し、後世に伝えてくれたことはありがたく、日本では今村鞆訳『朝鮮歳時記』として、自由討究社「通俗朝鮮文庫」（一九二一）、細井肇編「朝鮮叢書」（一九三六）に収録されたことがあるが、訳文そのものがかなり難解で、意味の通じない部分が多い。

『洌陽歳時記』は、洌陽＝漢陽（ソウル）を中心とした伝承的行事を記録したもので、臺山 金邁淳（一七七六—?）の著作である。

茶山 丁若鏞は、その門をたたいて弟子入りを乞うた経臺 金尚鉉にたいして、貴公は老論の名家であるから（老論、少論、南人、北人の四色党派のうち、丁若鏞は南人に属していた）、もし我れに師事すれば等類の譏《そし》りをうけるだろうから、臺山 金邁淳に師事するよう勧めたことがある（黄玹『梅泉野録』巻之一）。このように金邁淳は、安東金氏の老論派に属する学者であったが、その徳望と文名は党派をこえて高く評価されていた学者である。その文集に『臺山集』（二〇巻）がある。『洌陽歳時記』の著作年代は、著者自身が跋文で書いているように、一八一九年の流頭日となっている。

恵甫 柳得恭（一七四八—？）は、『京都雑志』風俗篇のなかで、きわめて簡潔に当代におけるソウルの風俗をまとめあげている。その著作年代は不明であるが、ほぼ十八世紀後半期とみて差しつかえない。

柳得恭は、十八世紀後半期の北学派に属する実学者で、当時の名君といわれた正祖の信任厚く、李徳懋、朴斉家、徐理修とともに、奎章閣の四検書の一人といわれた。一七七七年燕行使に随行したその叔父柳琴が、朴斉家、李徳懋、柳得恭、李書九の四家詩集『巾衍集』を北京詩壇に紹介して以来、中国でも「四家詩人」の一人としてその文名は高い。文集に『冷斎集』がある。

なお本書に挿入した図版のなかには、檀園 金弘道（一七六〇—？）と蕙園 申潤福（ほぼ同時代）の風俗画がかなり入っている。金弘道は、李朝初期の安堅、同末期の張承業とともに三大画家のうちに数えられ、山水、神仙、花卉などの名画があるばかりでなく、申潤福とともに風俗画の大家である。申潤福にはとくに婦女子を主題とする風俗画が多く、同じ庶民像を描きながらも、その点で金弘道と区別される。

十八世紀後半期から絵画の主題として庶民像が登場したことは、李朝絵画史における新しい傾向であり、当時代における社会、経済および思想的側面に現われた新しい変動と関連してみるとき、興味ある問題である。

III

本書に収録した三つの文献のほかにも、農家における歳時風俗を俗謡としてうたった『農家月令歌』があり、また漢詩も多い。ここではその漢詩のいくつかをかかげて、読者の参考に供したい。

例えば、春三月のソウル近郊弼雲台の花柳遊び（八二、一九七頁参照）をうたった朴趾源の「弼雲台看杏花詩」――

斜陽倏歛魂
上明下幽静
花下千万人
衣鬢各自境

また風流な花煎遊び（七五頁参照）をうたった林悌の「花煎詩」――

鼎冠撑石　小渓辺
白粉清油　煮杜鵑
双箸引来　香満口

一年春色　腹中伝

初夏の候、緑蔭でくりひろげられる婦女たちの鞦韆《ぶらんこ》遊び（口絵、一〇四頁参照）をうたった作者不詳の古詩――

非天非地　半空中
青山緑水　自進退
形如二月　落花来
容似三月　飛去燕

仲秋の候、四大名節の一つである秋夕＝嘉俳（一二五頁参照）をうたった李建昌の「嘉俳詩」――

嘉俳時節　好江城
稲項黄垂　柿頬頳
乍展家書　如読画
秋痕無数　字辺生

以上のような歳時風俗にかんする風物詩はかなり多く、いろんな文集からそれらを採集して、誰かアンソロジーでも編んでくれないものだろうかと思う。

つぎに朝鮮の歳時風俗にかんして、日本語で読める若干の参考文献をあげておきたい。

呉晴『朝鮮の年中行事』
今村鞆『朝鮮風俗集』
崔南善『朝鮮常識問答』(相場清訳)
任東権『朝鮮の民俗』
金両基『朝鮮の芸能』
依田千百子「年中行事より見た朝鮮に於ける中国文化の受容形式についての一考察」(『朝鮮学報』第五十二輯)

また年中行事と名節料理について
趙重玉『韓国料理』

IV

ある民族を理解するためには、その民族の言語、歴史、文学、風俗、慣習などを含めて、多面的に知ることが不可欠である。さいきんようやく、とりわけ若い層の中に、隣国朝鮮を正しく知ろうとする気運が高まっており、明治以来の対朝鮮侵略政策と関連して培われてきた、自分の中の朝鮮とは何であったかが、真剣に問いなおされている。このような気運は、戦前の日本において、侵略と支配の対象として朝鮮を知ろうとした傾向とは異質のものである。

ある民族の全体像をつかむことは容易なことではない。日本における国際理解についてみれば、一般的にいって、アジア諸民族についてはその短所だけを普遍化して理解し、欧米諸民族についてはその長所だけを普遍化して理解しようとする傾向が強い。このような思考方式は一朝一夕にできたものではなく、明治以来の長年月にわたって培われてきたものであろうが、かつて封建時代に、世界を「中華」と「夷狄」に区分してみた国際理解が偏向であったと同じく、その逆の意味でやはり偏向である。

本書がそのまま、現代の朝鮮民族を理解するのに、直接役立つとは思われない。前近代における歳時風俗のなかには、現代の科学的常識では理解できない迷信的なもの、巫俗的なものが多々ある。しかし洋の東西を問わず、人類が辿らなければならなかった歴史発展の一定の段階では、それ自体が必然であり、庶民生活にとって一つの意味合いをもち、救いとなったのではなかろうか。

少なくとも歴史ある民族が、その伝統からの離脱において存立しえないとするならば、今日の民族像を正しく理解するためにも、その根源にさかのぼって究めることは大切なことである。その意味で本書が、朝鮮民族の正しい理解を助けるために、何らかの参考資料となりうるならば、訳者にとっては望外の幸いである。

末筆ながら、朝鮮が抜けおちてしまった「東洋」がまかりとおるご時世に、本書の編集部は、訳者以上に本書の出版に熱意を示され、図版の入手や選択など数々の協力をいただいた。また個人的に未知の間柄でありながらカメラ・マン李剛氏は、編集部をつうじて本書のために貴重な写真を提供してくださった。ここに誌して謝意を表したい。訳文その他について、読者諸氏のご叱正を乞うものである。

一九七一年七月

姜在彦

姜《カン》 在《ジェ》 彦《オン》
1926年朝鮮に生まる。1953年大阪商科大学研究科修了。京都大学人文科学研究所研究員。
専攻　朝鮮近代史・思想史。
主著　『朝鮮・歴史と風土』(法律文化社),『朝鮮近代史研究』(日本評論社),『近代朝鮮の思想』(紀伊国屋書店) 他。

朝鮮歳時記　　東洋文庫 193

昭和46年 8 月25日　初版第 1 刷発行
昭和50年 2 月10日　初版第 3 刷発行

訳注者　姜　在　彦

東京都千代田区四番町 4 番地
発行者　下　中　邦　彦

印　刷　株式会社 共立社印刷所
製　本　株式会社 石 津 製 本 所

発行所　郵便番号 1 0 2　東京都千代田区四番町 4 番地
振替・東京29639　株式会社　平　凡　社

このページは元にした東洋文庫の奥付です
本書の奥付と表記が異なる場合があります

ワイド版東洋文庫 193

朝鮮歳時記

2006年11月25日　発行

	洪錫謨ほか
訳注	姜在彦
発行者	下中直人
発行所	株式会社平凡社
	〒101-0051　東京都千代田区神田神保町 3-29
	TEL 03-3230-6590（編集）03-3230-6572（営業）
	振替 00180-0-29639
	URL http://www.heibonsha.co.jp/
製版画像編集	株式会社マイトベーシックサービス
表紙制作	特定非営利活動法人 障がい者就労支援の会　あかり家
印刷・製本	株式会社マイトベーシックサービス

I0 193

ISBN4-256-80193-6　NDC 分類番号 386　A5 変型判（21.0cm）　総ページ 296